bup
BERLIN UNIVERSITY PRESS

Anstand

Herausgegeben von Jörg Metelmann
und Timon Beyes

Mit Beiträgen von
Wolfgang Engler
Franz M. Haniel
Timo Meynhardt
Nils Ole Oermann
Günther Ortmann
Ulrich Peltzer
Kathrin Röggla
Dieter Thomä
Harald Welzer

Berlin University Press

Anstand
Herausgegeben von Jörg Metelmann und Timon Beyes

Erste Auflage im März 2011

Ausstattung und Umschlag
Groothuis, Lohfert, Consorten|glcons.de
Satz und Herstellung
Dittebrandt Layout&Satz, Baden-Baden
Schrift
Borgis Joanna MT
Druck
Druck: BELTZ Druckpartner GmbH, Hemsbach
ISBN 978-3-86280-006-3

Inhalt

Immer Ärger mit dem Anstand. Eine Einleitung

Jörg Metelmann / Timon Beyes

„Anstand" ist ein schillernder Begriff. Er ist eine Allround-Vokabel, die in allen Fragen des angemessenen Verhaltens mobilisiert werden kann: eine Art sozialer Lackmustest auf die kollektive Verträglichkeit von Gruppen- und Einzelhandeln. In welche der jüngeren gesellschaftlichen Debatten um das ‚richtige' und ‚gute' Zusammenleben man sich auch begibt – der „Aufstand der Anständigen" gegen Neo-Nazis und Fremdenfeindlichkeit in der Ära Schröder, die Fragen nach sozialkonformen Rede- und Verhaltensformen von Jugendlichen nicht nur mit Migrations- oder Unterschichtenhintergrund („Knigge für die nächste Generation"), die Boni-Zahlungen an Manager von staatlich geretteten

Bankrotteuren während der Finanzkrise bis hin zum uneinsichtigen Auftreten von „Doktor a.D." zu Guttenberg –, es geht immer auch um „Anstand" oder „anständiges Verhalten".

In einer ersten Annäherung könnte man sagen: Der Begriff und das Aufrufen oder Einfordern des Anstands dienen einer komplexer gewordenen Gesellschaft als Konzept, um ein menschlich korrektes und für breite Schichten akzeptables Handeln zu benennen. Zeigen sich also in der Verständigung über „anständiges" Verhalten die unsichtbaren Regeln, die das Funktionieren einer ausdifferenzierten und multikulturellen Gesellschaft ermöglichen? So einfach ist es nicht. Jenseits von Ethikappellen oder schnell akademisch werdenden Moral-Diskussionen fungiert „Anstand" als pragmatischer Begriff, ein Alltags- und Allerweltswort, auf das man sich im Gespräch und in der Diskussion vergleichsweise schnell einigen kann – allerdings ohne im Einzelfall jeweils prüfen zu müssen, was nun genau anständig von unanständig scheidet.

Das scheinbar Selbstverständliche ist alles andere als selbstverständlich. Zunächst gilt: Was „Anstand" jeweils genau bedeutet, das ist vom historischen Standpunkt und nicht zuletzt vom Milieu abhängig. War es für bürgerliche Väter im 18. Jahrhundert noch klar zu bestimmen und für die Wahrung der Ehre auch essentiell zu wissen, was die eigene Tochter als „anständiges Mädchen“ tragen und tun durfte, so ist es heute zumindest in Deutschland (noch immer) schwierig, jemanden mit dem Hinweis auf „unanständiges Benehmen“ zu tadeln oder zu maßregeln, denn „anständig“ waren ja angeblich auch die schlimmsten Kriegsverbrecher geblieben, wie Himmler in seiner berüchtigten Posener Rede verkündete. „Anstand“ ist insofern, synchron betrachtet, nicht nur ein verbaler Schalter, der sich je nach Sprecherposition umlegt und wandelt. Er ist zudem diachron besehen auch vom Stabilisierungsbegriff zu einem Destabilisierungsbegriff geworden: Wer sich heute auf „Anstand“ beruft, der bekommt es öfter mit ungläubig Abwinkenden zu tun, für die zu viel Missbrauch mit dem Konzept getrieben worden ist, als dass man einfach zur Tagesordnung übergehen könnte.

Dass wir ihn aber trotz all dieser skizzierten Fallstricke doch immer wieder mobilisieren, um das Soziale, das Miteinander in einer nicht-dogmatischen Form zu adressieren, genau dieses Phänomen hat uns interessiert. Aus diesem Grund haben wir im akademischen Jahr 2010/2011 den Anstand zum Thema der zusammen mit der Duisburger Haniel Stiftung organisierten „Haniel Seminars“ an der schweizerischen Universität St.Gallen gemacht. Nun bezeichnet sich die Universität St.Gallen als „Wirtschaftsuniversität“ und genießt den Ruf, in diesem Feld eine der renommiertesten Einrichtungen zu sein. Insofern machten die Finanz- und Wirtschaftskrise sowie die Diskussionen um die „Unanständigkeit“ des Verhaltens namhafter Organisationen und Vertreter des Finanzsektors die Wahl des Themas um so naheliegender und dringlicher. Aber auch ohne die akute Krise lagen und liegen Unternehmertum und Management als Fokusbereiche nahe, leben wir doch in Zeiten, in denen die Logik des Ökonomischen und die Handlungsweisen des Unternehmerischen für alle gesellschaftlichen Bereiche geltend gemacht und von allen Akteuren eingefordert werden.[1]

Wir haben, um dem skizzierten Oszillieren des Begriffs „Anstand“ gerecht zu werden, sehr unterschiedliche Persönlichkeiten sowie Forscher und Forscherinnen in die Ostschweiz eingeladen, die dort in Bachelor- und Master-Seminaren, aber auch zu öffentlichen Anlässen wie Diskussionen,

Vorträgen und Filmvorführungen ihre Position zum Thema vermittelten. Der vorliegende Sammelband dokumentiert diese Stellungnahmen unserer Gäste aus dem Universitäts-, Wissenschafts-, Kunst- und Wirtschaftsbereich, ergänzt um Texte, die den Band in systematischer Hinsicht abrunden. Wir hoffen, damit die Spannbreite und Faszination des Konzepts „Anstand" sichtbar machen und den interessierten Leserinnen und Lesern ein wenig von dem produktiven Geist des Widerspruchs und der intensiven Aus-einander-setzung – ganz wörtlich, ohne vorschnelle Versöhnungsabsicht – vermitteln zu können, der uns in den „Wochen des Anstands" umwehte, wie wir die beiden Seminar- und Veranstaltungswochen in St.Gallen im Oktober und November 2010 genannt haben.

Wir hoffen darüber hinaus, mit diesem Buch mögliche Antworten, also Denk- und Diskussionsangebote zu liefern zu den Fragen, ob und wie der Begriff des „Anstands" heute produktiv gemacht wird oder produktiv gemacht werden kann; welche Funktion(en) er übernimmt oder übernehmen sollte; ob er über alle Scham- und Schuldgrenzen hinaus missbraucht wurde und sich also völlig verbraucht hat oder ob er – beispielsweise in der Debatte um das Verhalten der wirtschaftlichen Eliten, Stichwort: ‚ehrbarer Kaufmann' – doch noch zu Handlungsanleitung und damit zu Widerspruch taugt.

Wir beginnen und enden mit literarischen Imaginationen des Anständigen. Das hat einen guten Grund, denn die moderne westliche Welt ist nicht nur in ihrer ökonomischen Verfasstheit ohne die Beschreibungs- und Reflexionsangebote des Romans nicht zu denken.[2] Etwas niedriger gehängt: Das Nachdenken über Anstand und seine Formen ist immer schon geprägt von der Kunst und ihren Bildern des Anstands. Wir freuen uns daher, das Buch mit einem Auszug aus „Wir schlafen nicht" von **Kathrin Röggla** zu eröffnen und mit einer Passage aus „Teil der Lösung" von **Ulrich Peltzer** zu schließen. Beide waren im November in St.Gallen, um gemeinsam mit Studierenden mediale „Bilder des Anstands in Film, Literatur, Theater" zu erörtern. Der sprechende Haupttitel des Seminars lautete „Falsche Vorstellung".

Die auf Röggla folgenden Beiträge lassen sich grob in zwei Gruppen unterteilen. Im ersten, von uns

„**Abstand vom Anstand**“ genannt, wird das Motiv der falschen – oder zu einfachen – Vorstellung vom Begriff des Anstands und seinen Möglichkeiten in eher skeptischer Hinsicht zum Thema gemacht. Im zweiten Teil dieses Buches, „**Anstand!**“ betitelt, wird der Umgang mit dem Anstand zwar als ambivalent und klärungsbedürftig dargestellt, doch überwiegt hier ein durchaus positiver Befund des Anstandsbegriffs und seiner Implikationen.

Der „Abstand vom Anstand“ beginnt mit **Wolfgang Engler**s kurzer Sozialgeschichte des Anstands. Der Soziologe begibt sich in die Kinderstube des Phänomens: „Der Anstand als Speerspitze einer gegen die höfische Welt gerichteten Kampfmoral war das gemeinsame Werk von Kleinbürgertum und mittelständischer Intelligenz“. Von hier aus verfolgt Engler die Entwicklung des Anstandsbegriffs zu einem „Zwitter der Verhaltensregulierung“, der soziale Kontrolle von außen mit Selbstkontrolle verbindet. Mit Blick auf die gegenwärtige Litanei der Selbstverwirklichung und der Durchsetzung der eigenen ökonomischen Interessen scheint es mit dem inneren Anstand nicht weit her zu sein. Und vom äußeren Anstand, Engler zufolge ohnehin ein „alter

Heuchler", ist nicht viel mehr zu erwarten als eine „Anstandspolitik als Werkzeug purer Ironie".

Womöglich ist bereits das häufige Anrufen des Anstands ein Zeichen dafür, dass etwas nicht stimmt. Anständigkeit, schreibt der Sozialpsychologe **Harald Welzer** in seinem Beitrag, definiert sich so gesehen frei nach Wilhelm Busch zunächst negativ „als ein Gutes, das das Böse ist, was man lässt". Aber was das Böse ist, das man lässt, ist abhängig von historischen und kulturellen Bedingungen. Anhand von Aufzeichnungen aus dem NS-Vernichtungskrieg zeigt Welzer, wozu die Rede von Anständigkeit fähig ist – und wie anfällig solche universalistischen Konzepte sind: „Während sie ein Bollwerk gegen moralische Verfallszustände zu sein vorgeben, repräsentieren sie solche am Ende nur selbst". Die abstrakte, den jeweiligen partikularen Handlungsbedingungen entzogene Proklamierung von Anstand oder Anständigkeit ist im besten Fall wohlfeil oder naiv; im schlimmsten Fall legitimiert sie Gegenmenschlichkeit.

Ist es also naiv oder gar – siehe Englers Beitrag – heuchlerisch, an einer Wirtschaftsuniversität mit

Blick auf die jüngste Finanzkrise öffentliche Bekenntnisse zur Wichtigkeit des Anstands und zum täglichen prüfenden Blick in den Spiegel abzugeben? Diese Frage ist der Ausgangspunkt von **Günther Ortmann**s Essay „Cape Greed?“. Anhand des im Zuge der Turbulenzen auf den Finanzmärkten viel und gerne benutzten Begriffs der Gier legt der Betriebswirt und Organisationstheoretiker dar, wie sich die Anrufung der individuellen Anständigkeit in systemischen Bedingungen und Zusammenhängen verheddert. Dabei fasst Ortmann „Gier“ und „System“ als ein aufeinander bezogenes Konstitutions- bzw. Ermöglichungsverhältnis, als gegenseitigen Nährboden, und begründet dieses Aufeinander-verwiesen-Sein mit dem Konzept des mimetischen, nachahmenden Begehrens. Diese selbstverstärkenden Mechanismen sind gerade in Organisationen und womöglich verschärft in der Geld- und Finanzwirtschaft an der Tagesordnung. Appelle an die Anständigkeit Einzelner können somit dem systemischen Risiko der „Erosion moralischer Standards“ nicht gerecht werden.

Zugespitzt formuliert: Ist „Anstand“ womöglich eine überforderte und überfordernde Kategorie und das Einfordern desselben nutzloser – vielleicht gar schädlicher? – Aktivismus, nicht mehr als ein (weiteres) Krisensymptom? Im zweiten Teil des Buches folgen drei Texte, die den Anstandsbegriff bzw. ein spezifisches Verständnis von ihm in ein freundlicheres Licht tauchen. Den Anfang macht der Philosoph **Dieter Thomä**, der jenen das Leben schwer machen möchte, „die den Anstand mit schlechten Gründen verteidigen – oder aber mit schlechten Gründen verwerfen". Thomäs Kronzeuge ist Immanuel Kant und dessen Sinneswandel in der Betrachtung der Anständigkeit. Während Kant in frühen Schriften bzw. Vorlesungen „Anstand" mit dem Schein der Heuchelei und des Betrugs sowie dem bloßen Genügen äußerer Erwartungen in Verbindung setzt, gelangt er später zu einer Einschätzung des Anstands als „Schein des Guten": „Wer anständig ist, tut so, als ob er moralisch wäre, und wird es damit am Ende selbst". Thomä diagnostiziert für die Gegenwart ein „Auseinanderklaffen" zwischen einer „moralisch ambitionierten Ordnung der Gesellschaft" und einer „maximalen Ausnutzung von Spielräumen" des individuellen Handelns. Diejenigen Formen des Anständigen, die „ein menschenfreundliches Miteinander kennzeichnen", tragen nun dazu bei, das „Zwischenreich“ zwischen gesellschaftlicher Regulierung und individueller Ungebundenheit zu beleben.

Der Theologe, Historiker und Wirtschaftsethiker **Nils Ole Oermann** kommt bei seiner Frage nach „Anstand als Maßstab wirtschaftlichen Handelns?“ zu einer ähnlichen Antwort. Es sei „so unnötig wie unmöglich, von Firmen oder Staatswesen ‚Anstand‘ zu fordern“, denn es gehe immer um individuelles Handeln. Zwar sei „Anstand“ keine hart definierbare Kategorie des wissenschaftlich-philosophischen Diskurses, doch habe er für sehr viele Menschen eine unmittelbare lebensweltliche Klarheit und Gültigkeit. Hier setzt der Beitrag an und deutet, wie Kant in Dieter Thomäs Darstellung, Anstandsempfinden als Schmierstoff für korrektes Verhalten im Rahmen des geltenden Rechts: Der Kaufmann müsse nicht ehrbar sein, aber unbedingt ehrlich – allerdings agiere er viel leichter ehrlich, wenn er auch ehrbar sei. Das Auseinanderfallen dieser beiden Ebenen des Anstandsbegriffs, der innerlich-ethischen (forum internum) und der äußerlich-konventionalisierten (forum externum), habe mit schrecklichen Perversionen die deutsche Geschichte gezeigt. Wie auch Harald Welzer bezieht sich Oermann auf Himmlers Posener Rede, kommt aber zu einer anderen, ‚freundlicheren' Konsequenz.

Von einem solchen verantwortungsvoll-positiven Impetus des Ausgleichs zwischen Ich und Gesellschaft zeigen sich auch **Franz M. Haniel** und **Timo Meynhardt** angetrieben. In ihrem den „Anstand!"-Teil komplettierenden Beitrag definieren sie: „Bei allem, was man tut, immer das Wohl der anderen im Blick haben und nicht nur den eigenen Vorteil – das ist anständig." Die Erfahrungen des 20. Jahrhunderts hätten gezeigt, dass man mit der generellen Fehlbarkeit des Menschen und vor allem mit dem Missbrauchspotenzial großer Gesellschaftsentwürfe zu rechnen habe. Der Einzelne sei daher die relevante Bezugsgröße, und dies auch gegen alle Einsprüche von Seiten systemtheoretisch abgeklärter Denker komplex-globaler Handlungsbedingungen. Keine dieser nahe liegenden Entschuldungsangebote anzunehmen, sondern sich selbst konsequent „als moralisches Subjekt zu sehen" und den Maximen „Anstand heißt, das Ganze denken" und „Sich selber in die Pflicht nehmen" zu folgen, das ist für den Unternehmenslenker Haniel und den Wertpsychologen Meynhardt verlässlich trittsicherer Grund im Feld des Ethischen. Anstand, so schließen die Autoren, ruhe letztlich auf dem inneren Kompass einer Person, die redlich geprüft habe, was sie im Leben wirklich wolle.

Dieser kleine Sammelband endet mit einem Auszug aus dem letzten Roman von **Ulrich Peltzer**. Da wir bestimmt nicht annähernd so professionell wie Peltzers Romanfigur Walter Zechbauer unser Publikum „zu packen" wussten und wissen, sind wir besonders dankbar für die vielen positiven Rückmeldungen auf unsere Veranstaltungen rund um den Anstand. Dass es zu diesen Begegnungen kommen konnte und ihre Ergebnisse hier in Buchform erscheinen, wäre ohne die Unterstützung der Haniel Stiftung nicht möglich gewesen. Wir danken daher dem gesamten Duisburger Team vielmals für ihr langjähriges Vertrauen in die Kooperation mit der Universität St.Gallen. Den Leserinnen und Lesern unseres Büchleins wünschen wir nützliche Einsichten und gute Unterhaltung. Denn mehr als das gute alte *prodesse et delectare*, so stimmen wir der Romanfigur Zechbauer für diesen Moment zu, können wir „wirklich nicht für euch tun".

Anmerkungen

1 Vgl. etwa U. Bröcklings Studie „Das unternehmerische Selbst: Soziologie einer Subjektivierungsform“, Frankfurt am Main 2007.

2 Vgl. hierzu E. Esposito „Die Fiktion der wahrscheinlichen Realität“, Frankfurt am Main 2007; sowie J. Vogl „Kalkül und Leidenschaft: Poetik des ökonomischen Menschen“, München 2002.

Einübung

Kathrin Röggla

diesem text liegen gespräche mit consultants, coaches, key account managerinnen, programmierern, praktikanten usw. zugrunde. ich möchte mich hiermit bei all jenen gesprächspartnern bedanken, die mir ihre zeit und ihre erfahrung zur verfügung gestellt haben. *kathrin röggla*

[...]

er habe eher den eindruck, man trainiere das grundsätzlich ab. er habe ja beobachtet, mit wie wenig schlaf die kollegen auskämen, „da wird ja direkt ein wettbewerb gemacht". besonders auf projekten werde kaum noch geschlafen, und auf messen? „fragen sie nicht!" das sei ja schon ein außergewöhnlicher arbeitseinsatz, der da von einem erwartet werde, das werde ja immer häufiger von einem verlangt: daß man tage und nächte durcharbeiten könne. daß man sich gar nicht mehr nach der uhrzeit umdrehe, die schon dicht hinter einem stehe und jeden moment über einem zusammenklappen könne –

– wo doch jeder weiß: nach einer durchwachten nacht ist mit konzentration nichts mehr zu machen.
– also er hat das gefühl, seine konzentrationsfähigkeit wird durch schlafentzug eher gesteigert.
– da hat er aber glück gehabt!
– ja, da hat er glück gehabt. er wird eben klarer im zunehmenden wachzustand –
– aber lange durchhalten wird er das nicht!
– einige monate schafft er bestimmt.
– es ist wahr: sie wird es schon sehen.

[...]

er müsse ja permanent einschätzungen treffen, er müsse ständig menschen bewerten. also so jemanden wie frau bülow würde er, ehrlich gesagt, eher nicht einstellen. er könne sie jetzt natürlich nicht in ihrer fachlichen kompetenz beurteilen, aber schon in ihrem auftreten und in ihrem erscheinungsbild, und er würde beim thema „auftreten und erscheinungsbild" hier überhaupt allgemein eher schlechte noten verteilen –

ja, er müsse noten verteilen, das gehöre eben auch zu seinem job, er müsse sich die menschen ansehen und sie bewerten. und seine bewertungen hätten folgen. das sei nicht so wie bei journalisten, die folgenlose einschätzungen treffen könnten, die einfach etwas aburteilten, und es habe dann keine auswirkung auf sie, er stehe als ganze person ein. und diesbezüglich, ja, das könne er ruhig zugeben, habe er sich schon mal verschätzt. aber so etwas komme eben vor, daß man sich verschätze, jemanden falsch einschätze. man denke, jemand passe besonders gut auf ein projekt, aber dann stelle sich das gegenteil raus. dieser jemand versaue einem den ganzen projektablauf, dieser jemand passe sich dem workflow nicht an, weil er es nicht könne oder weil er es nicht wolle. und dann könne es sich eben um eine enorme führungsschwäche handeln, diesen jemand nicht freizusetzen, nur weil man denke, man erweise diesem jemand einen gefallen oder gebe dem noch eine chance, diese berühmte zweite chance, von der hierzulande immer die rede sei.

früher habe er die den leuten auch gegeben, er habe gedacht, vielleicht lasse sich noch was machen, vielleicht komme man mit dieser motivation an die menschen ran. aber das habe sich immer als irrtum erwiesen. er habe es noch nie erlebt, daß jemand auf einmal was könne, was ihm vorher schon schwergefallen wäre, nur weil er eine zweite chance erhalten habe. das ist ein mythos, der besonders hierzulande verbreitet werde. „aber tatsache ist: man hilft den leuten nicht, wenn man sie am platz beläßt, man hilft ihnen nicht, sieht man tatenlos zu, wie sie nicht zurechtkommen, nur seltsamerweise herrscht hierzulande die ideologie, daß eine freisetzung etwas menschenunwürdiges ist." also mit seinen amerikanischen kollegen könne er darüber gar nicht sprechen, weil so was kennten die gar nicht.

[…]

solle man jetzt etwa über kinderpornographie reden oder was? werde das jetzt verlangt? also er würde jetzt lieber nicht über kinderpornographie reden wollen, obwohl, er habe das gefühl, als müßte er das jetzt, weil ab einem gewissen punkt immer alle über kinderpornographie reden würden.

– schließlich entspricht das ja auch den tatsachen. schließlich ist es durch alle medien gegangen: „nur, weil der ceo auf kleine mädchen steht, ein produktionsstandort in thailand."
„nur, weil der ceo auf kleine mädchen steht, wurden frauen zu jedem meeting gekarrt."
– frauen?
– „nur, weil der ceo auf kleine mädchen steht, hat sich das als standard in der führungsriege etabliert."
– ich bitte dich!
– bitte? im ganzen unternehmen ist das vernaschen von kleinen mädchen opportun gewesen, und hat man etwa nicht kinderpornographie im netz gefunden?
– sicher, das ist ein skandal gewesen –
– und was passierte dann?
– als es aufkam, hat man den standort downgesized so gut es ging –
– aber jetzt wird es schon wieder als kavaliersdelikt behandelt.

[...]

„ja, einübung ins mitleid mit managern, das ist doch das, was hier jetzt passiert, zunächst einübung in zahlen, die man doch nicht versteht, und dann einübung ins mitleid mit managern oder beratern, um die sich diese zahlen drehen. und letztendlich noch einübung in den sekundentakt, in dem man zu verschwinden hat, weil man die gegenwart der herren stört. aber mit dem mitleid fängt es an, irgendwann komme immer die aufforderung, daß man mit so jemandem mitleid haben soll."

da kämen eine menge lernprozesse zusammen, eine menge einübung stecke dahinter, eine menge müsse man sich merken, da dürfe man beispielsweise nicht vergessen, jemanden grandios zu finden, nur weil er sich selbst dafür halte, man dürfe nicht vergessen, das gegenteil zu sagen, wenn das eigene unternehmen es wolle, und man dürfe nicht vergessen, eine eigene meinung zu haben, weil man sonst an profil verliere.

[...]

die key account managerin: ob sie sich verändert habe? natürlich habe sie sich verändert, natürlich passe man sich an, wenn man so einen professionalisierungsprozeß durchlaufen habe. da verändere man sich schon. so was mache ja vor einem nicht halt, so ein berufsalltag. und mitfiebern müsse man da schon können, ja, etwas mitfiebern müsse schon sein, etwas mitfiebern mit dem eigenen betrieb. da werde heute keine vollidentifikation mehr verlangt, aber ein wenig mitfiebern müsse schon sein, wie man wisse.

[...]

er habe ja anfangs gedacht, „da bewegt sich jemand auf feindesgebiet". ja, er sei von einer frontstellung ausgegangen und jetzt stelle sich das gegenteil heraus. zumindest eine außenperspektive hätte er sich erwartet, ein wenig abstand, doch jetzt wisse er, den gibt es nicht.

„*sie* sind ja genauso getrieben!"
„*sie* sind ja ständig auch dabei!"

da könne man sich schon fragen: „in welchen durchhalteparolen stecken sie drin?" oder besser gesagt: „in wessen durchhalteparolen halten sie sich auf? ihre eigenen sind es ja nicht, oder?" ja, man könne sich schon die frage stellen, doch er wisse, er werde da nichts erfahren.

– er glaubt nicht, daß er das weiter möchte –
– auch sie macht das nicht weiter mit.
– ja, und er glaubt, hier hört sich alles auf.

Teil I

Abstand vom Anstand

Der Zwitter auf der Schwelle oder Die Grenzen des Anstands

Wolfgang Engler

1.

Im dritten Teil seiner berühmten *Sittengeschichte* zitiert Eduard Fuchs folgendes Inserat, das im Jahr 1907 in einer Thüringer Zeitung erschien: „Warnung! Wir warnen hiermit jedermann vor dem Weiterverbreiten des falschen Gerüchts, daß unsere Fahnenträgerin Fräulein Rosa Hammerschmidt in anderen Umständen ist. Nicht diese, sondern die Begleiterin Emma A. (in der Zeitung ist der Name ausgedruckt, E. F.) ist es. Da dieselbe die Fahne nicht in die Hand bekommen hat, so ist unsere Fahne als unbefleckt zu betrachten. Diejenigen Personen, welche sich wiederholt der unverschämten Lüge bedienen und uns mit unserer Fahne beleidigen, werden wir gerichtlich belangen.

Der Vorstand des Turnvereins Hönbach."[1]

Das kleine Beispiel leuchtet die Doppelbödigkeit des Anstands aus und verrät einiges über seine Kinderstube.

Es zeigt das Kollektiv als eigentlichen Träger des Anstands, als Anstandsverwalter, die einzelnen als Treuhänder des nur gemeinschaftlich verfügbaren Sozialkapitals; Anstand beschwört Sippenhaftung.

Anstand tendiert zur Verdinglichung moralischer Beziehungen, flattert als Fahne im Wind, posiert als Säulenheiliger im bürgerlichen Heim oder schmückt als Ahnengalerie die Wände. Im Zeichen des Anstands begreift sich der einzelne andachtsvoll als Glied in einer Kette, als Teil einer umfassenderen Überlebenseinheit.

Als kollektives Gut ist Anstand persönlich beleihbar, sofern man sich konform verhält; (potentielle) Nestbeschmutzer opfern die Anstandswächter, wie das Beispiel zeigt, erbarmungslos: Ehrenrettung mittels Denunziation. Notfalls übergibt man den eigenen Sohn, den eigenen Gatten den staatlichen Autoritäten: aus dem Auge, aus dem Sinn, aus dem allgemeinen Gerede.[2]

Anstand räumt der Meinung anderer Vorrang gegenüber dem je eigenen Empfinden ein. Das Individuum unterliegt dem Ratschluss der Familie, die Familien richten sich nach dem Urteil der Nachbarschaft, der Gewerbetreibende sorgt sich um sein Ansehen unter Berufsgenossen.

Kern einer bürgerlichen Zivilmoral offenbart der Anstand im Schatten des Zweifels zugleich mit seiner militanten Seite seinen Ursprung sowie seine Verwurzelung im kleinbürgerlichen Milieu. Der Anstand als Speerspitze einer gegen die höfische Welt gerichteten Kampfmoral war das gemeinsame Werk von Kleinbürgertum und mittelständischer Intelligenz.

2.

Der neue, bürgerliche Verhaltenskodex revidierte die höfischen Verkehrsformen (programmatisch) Punkt für Punkt.

Die Höflinge lebten ausschweifend, die Bürger zügelten ihre Triebregungen. Am Hof geschah so gut wie alles öffentlich, beinahe nichts privat, nun erfreute sich gerade das private, „eingezogene" Leben höchster Wertschätzung.

Der Aristokrat verbarg seine Motive hinter lauter schillernden, in aller Regel falschen Worten; der ehrbare Bürger sprach nicht mehr als nötig oder schicklich, und meinte, was er sagte, wenn er sprach.

In der galanten Gesellschaft verschwand der Körper hinter Puder und groteskem Firlefanz; die bürgerliche Gesellschaft huldigte dem Gebot der Schlichtheit. Das männliche Körperbild, entschlackt und gestrafft, gewann Profil, der weibliche Körper entstieg dem Korsett, schwor aller Tünche ab.

Der werktätige Mensch diktierte das maskuline Schönheitsideal, das feminine betonte die Vorzüge „herber Gesundheit". Die Frau als dreifaltiger „Leckerbissen", Busen, Lenden, Hintern, war verpönt, der Mann als schrille Kleiderpuppe, unfähig, frei auszuschreiten, ebenfalls. Dem einen frommten dunkler Gehrock und Zylinder, der anderen das bis zum Hals geschlossene Kleid.[3] Kinderaufzucht, Elternfreuden, Gattenliebe, bei Hofe entweder outgesourct oder als peinlich empfunden, traten in den Mittelpunkt des bürgerlichen Lebens. Die Wirrungen des Eros kühlten unter dem Dach der Ehe ab, die gleichwohl als „Liebesheirat" reüssierte.

So wollte es das neue Ideal, die bürgerliche Ehrbarkeit, der Anstand.

3.

Ein das Nähere des Anstands für kommunikative Zwecke erläuternder Schlüsselbegriff hieß *Aufrichtigkeit*.

„Aufrichtigkeit ist eine Tugend, nach welcher wir unserm Nächsten alles, wodurch sein Nutzen befördert, oder sein Schaden abgewendet werden kann, frey heraus sagen. Nicht überall ist es eine Aufrichtigkeit, wenn wir unsere Meinung anderen Leuten sehen lassen, sondern wenn es nicht mit einem vernünftigen Entzwecke geschiehet, wird es Einfalt genannt. Es gehöret dahero zu der wahrhaftigen Aufrichtigkeit 1.) daß wir schuldig sind, dem Nächsten dasjenige, was wir wissen, zu sagen, 2.) daß wir nicht etwan uns selbst, indem wir eines andern Nutzen suchen, in Schaden setzen, 3.) daß wir versichert sind, es werde auch unsere Aufrichtigkeit nicht übel angewendet werden. Bey wem also diese Tugenden mit einem guten Verstande verknüpft sind, derselbe kann viel gutes ausrichten, indem er anderen zu helfen den Willen hat, und durch den Verstand denselben zu vollbringen fähig ist. Redlichkeit und Treuherzigkeit sind von der Aufrichtigkeit gleichgültige Wörter."[4]

Ursprünglich Teil der Pflichten eines jeden Christenmenschen (rückhaltlose Offenbarung dem HERRN wie seinen Mittlern gegenüber) verwandelt sich „Aufrichtigkeit" seit dem späten siebzehnten Jahrhundert unaufhaltsam in eine Chiffre rein irdischer, mitmenschlicher Verbindlichkeiten.[5]

Unter dem Fahnenwort der Aufrichtigkeit verbanden sich die Bürger zu einer sozialmoralischen Versicherungsgemeinschaft, wobei einer andere dadurch zum Beistand verpflichtete, indem er *ihnen* gefällig war. Der Aufrichtige erkennt, respektiert und fördert die Interessen anderer im Rahmen seiner eigenen und darf gegebenenfalls auf deren Hilfe zählen.

4.

Um sich dieser Hilfe würdig zu erweisen genügte es indes nicht, anderen die Wahrheit, auf die sie Anspruch reklamierten, mitzuteilen. Damit die soziale Gleichung aufging, musste man sich im Ganzen seines Daseins entsprechend aufzuführen wissen. Wahrhaftigkeit ergänzt durch *Haltung*, das ist der rechte Anstand. Die geforderte Haltung zu wahren verlangte damals und für lange Zeit die genaue Kenntnis und Beachtung der Umstände, der beeinflussbaren wie der schlicht gegebenen. Haltung umständehalber, das hieß männliche oder weibliche Haltung, die Haltung von Meistern, Gesellen, Lehrburschen, von Älteren und Jüngeren, von Eltern und Kindern.

Anders als der Wahrheitsaspekt des Anstands, der, einmal postuliert, den Menschen als solchen in die Pflicht ruft, trägt der Haltungsaspekt bis weit ins zwanzigste Jahrhundert hinein ständische Züge. Der Personenstand definiert die geziemende Haltung, und die wird überwacht, am rigidesten die von jungen, unverheirateten Frauen. Die „Anstandsdame" schaffte es bis zur stehenden Wendung; der „väterliche Freund" bezeichnet ein weiteres, milder gestimmtes Exemplar aus der langen Reihe Aufsicht führender Personen.

Der *verbale* Anstand hat es leicht, sich zu verstecken, gegebenenfalls in Schweigen auszuweichen. Der *praktische* Anstand findet nirgends Unterschlupf. Restlos der Sichtbarkeit ausgeliefert bürgt er vorzüglich für den Ruf einer Person. Hier allein dem guten Willen zu vertrauen schien gerade in einer Welt um sich greifender Glaubenszweifel ein zu gewagtes Risiko. Die soziale Kontrolle, Tugendregister, penible Regeln, Vorschriften und Ermahnungen halfen der Ehrbarkeit des Bürgers, diesem Grundstock seines sozialen Kapitals, sichtlich, hörbar nach.

Die Aufklärung, die die religiöse Skepsis beförderte, unterstrich, im ersten Schritt zumindest, die soziale Skepsis. „Vertrauen ist gut, Kontrolle ist besser", lautete das *ceterum censeo* (klein)bürgerlichen Anstands; daher das Gouvernantenhafte dieser Sammeltugend: Kampfmoral als Katalogmoral.

5.

So vollmundig der Bruch mit der Vergangenheit daherkam, so halbherzig vollzog er sich im Alltag; neue Wohnung, viele alte Möbel. Die Krinoline beerbte das Korsett, der Busenkult erlebte eine Renaissance, Polster blähten das weibliche Gesäß über alle Maßen auf, Dessous verführten die Blicke wie in alten Zeiten, Strümpfe und Strumpfbänder waren der Hype dieser Jahre und verwandelten Frauenbeine in wahre Fetische.

Der äußerlichen Restauration entsprach die innere. Ehe, Liebe und Begierde gingen alsbald abermals getrennte Wege. Ehen wurden arrangiert, die designierten Gatten vor dem Gelöbnis gründlicher ausgeforscht als irgendeine Ware je vor dem Gebrauch.

Jungfrauen galten als bevorzugte sexuelle Beute der männlichen Verführungskunst, die sich speziell in England zur „Deflorationsmanie" steigerte.

Kaum weniger umworben, bevölkerten just die „anständigen" Frauen, zu „unständigem" Tun erstaunlich häufig aufgelegt, die Register der Sittenpolizey. Die eheliche Untreue begleitete das Lebensbündnis der Geschlechter wie ein Schatten; zur Befriedigung ihrer erotischen Bedürfnisse besuchte die vernachlässigte Gattin die öffentlichen Salons, während ihr Angetrauter das Bordell bevorzugte.[6]

Weit davon entfernt, mit den höfischen Sitten zu brechen, knüpfte das bürgerliche neunzehnte Jahrhundert Laster für Laster an sie an, wobei es seine Originalität aus der *Kluft* zwischen Ideal und Wirklichkeit bezog. Im selben Zuge, in dem es eine „Internationale des privaten Lebens" schuf, die von St. Petersburg bis London reichte[7], begründete das europäische Bürgertum eine Internationale des *äußeren* Anstands und lebte seine Lüste im Verborgenen aus.

6.

„In jeder Gesellschaftsschicht wird der Bezirk des Verhaltens, der gemäß seiner Funktion für die Menschen dieser Schicht am lebenswichtigsten ist, auch am sorgfältigsten und intensivsten durchmodelliert."[8]

Sich nach der neuesten Mode kleiden, Feste zelebrieren, mit Worten spielen, stets im Ungefähren bleiben, unangreifbar – hierin zu glänzen bildete den Lebensinhalt und den Lebenszweck der verhöflichten Aristokratie. Der Kompetente beherrschte die ausgefeiltesten Praktiken der Zerstreuungs- und Verstellungskunst. Beständig auf der Hut, alles andere als hemmungslos, zügelte und kultivierte er seine Triebe; Menschenkenner, Psychologe von hohen Graden war er zugleich ein Meister der Selbstbeherrschung und entsprach so gar nicht dem Zerrbild, das der Bürger über ihn in Umlauf setzte.

Das üble Konterfei befriedigte Abstoßungsbedürfnisse, die umso ausgeprägter waren, als der Bürger in seiner Eigenschaft als Privatmensch den hohen Ton nicht halten konnte, den er kampfeslustig angeschlagen hatte.

Als *Bürger im Dienst* machte er eine merklich bessere Figur. Hier, auf dem Feld des Gelderwerbs, der Arbeit rang er eine Zeit lang ernsthaft mit der ihm zugedachten Rolle eines Erneuerers der Sitten. Berufsmensch aus Passion praktizierte er seinen Beruf mit quasireligiösem Ernst und verband endliche Zwecke mit geschichtlichem Sendungsbewusstsein. Sein Aufbruch in die neue, dem Profit geweihte Welt stützte sich auf Selbsttechniken, Selbstzumutungen, die er der alten Welt entlehnte: Arbeit als innerweltliche Askese, als strebsam sublimierter, somit Gott gefälliger Ursprung der Bereicherung.

Ein besonders lehrreiches Exempel des ethosgesteuerten Unternehmers gab Benjamin Franklin, der Erfinder der Elektrizität. Er unterwarf sich, darin prototypisch für eine ganze Ära, einer methodischen Lebensführung, die in einem lückenlosen Tugendregister gipfelte. In Form einer Tabelle angelegt, versah er Woche für Woche kleinere oder größere Vergehen gegen die Gebote der Mäßigkeit, Sparsamkeit, Reinlichkeit etc. mit einem Kreuz. Häuften sich die Kreuze, war das gleichbedeutend mit der Aufforderung, die Arbeit an sich selbst zu intensivieren, nahmen sie ab, verlagerte sich die moralische Beunruhigung nur auf eine andere Ebene; vielleicht war das beobachtende Selbst mit dem handelnden nur zu nachsichtig verfahren.[9]

Franklin ergründete seine Neigungen und Gefühle, kreiste sie durch eine moralische Buchführung ein, um sich über sie erheben zu können. Strikte Selbstkontrolle, die Entwicklung einer gefestigten Persönlichkeit mochten sich auf die Geschäfte förderlich auswirken; vor allem galten sie jedoch als Wert an sich.

7.

Das kleine und mittlere Bürgertum bewahrte dieses Skript; der neue Geldadel lernte unter einer anderen Losung laufen – „Bereichert Euch!“, frei von Ehrfurcht, frei von Zähneklappern – und warf die Krücken ab. Gleich dem Privatmann spannte der Geschäftsmann moralisch aus und frönte seinen monetären Leidenschaften. Aus dem allgemeinen Abfall vom Ideal bezogen die nieder- und unterbürgerlichen Gruppen ihre Genugtuung, den neuen Plutokraten zumindest sittlich überlegen zu sein. – Das stimmte und stimmte bald auch wieder nicht.

Neue Grundsätze, neue Praktiken hielten in großbürgerlichen Kreisen Einzug.

Man studierte ein neues Fach, *Lebenskunde*, mit einigem Erfolg. Man nahm sich zusammen, schonte den anderen um seiner selbst willen, übte sich in einer bewussten Daseinsführung, zu der klare Grundsätze in Bezug auf Hygiene, Ernährung, Gesundheit gehörten, plante (erstmals) das Familienleben (die Zwei-Kinder-Ehe war eine großbürgerliche Errungenschaft), konsultierte Ratgeber, Ärzte, Psychologen, Analytiker, praktizierte eine sexuelle Pädagogik, die mit dem Kult des (weiblichen wie jugendlichen) Nichtwissens in geschlechtlichen Dingen brach, und schulte Sinne und Empfindungen. Die Gefühlszensur lockerte sich. Die Hausgenossen begegneten einander auch in Abwesenheit anderer respektvoll und tauschten Gesten wechselseitiger Zuneigung.

Man muss den großen Bürgern, um das zu sehen, keine moralischen Kränze flechten. In seinen „Flegeljahren", in der Frühzeit des industriellen Kapitalismus, gebärdete sich der urbane Bourgeois als waschechter Parvenü, der in aller Öffentlichkeit, ohne Scham von einer Ausschweifung zur nächsten taumelte.

Die Selbstdisziplinierung späterer Jahrzehnte entsprang anfänglich weit weniger der Einsicht in eigene Verfehlungen als der Sorge, das Volk, hinlänglich ausgepowert und empört, möchte sich solcher Herren gewaltsam entledigen. Ursprünglich ein Kind der Klugheit und sozialer Vorbeuge, setzte sich der Sittenwandel nach und nach als Standeszeichen des mondänen Bürgertums gewohnheitsmäßig fest.

8.

„So kann man von den Pflichten der Liebe und Freundschaft und Verwandtschaft, von den Pflichten der Hospitalität, von der Pflicht, großmütig gegen Feinde zu sein, man kann von dem sprechen, was sich für die oder jene Lebensweise, für den oder jenen Stand, für dies oder jenes Alter oder Geschlecht schicke und nicht schicke, und wir haben wirklich aus den feinern, unendlichern Beziehungen des Lebens zum Teil eine arrogante Moral, zum Teil eine eitle Etikette oder auch eine schale Geschmacksregel gemacht und glauben uns mit unsern eisernen Begriffen aufgeklärter als die Alten, die jene zarten Verhältnisse als religiöse, das heißt als solche Verhältnisse betrachteten, die man nicht sowohl an und für sich, als aus dem *Geiste* betrachten müsse, der in der Sphäre herrsche, in der jene Verhältnisse stattfinden. Und dies ist eben die höhere Aufklärung, die uns größtenteils abgeht.“[10]

Diese Zeilen stammen aus der Blütezeit des (bürgerlichen) Anstands und weisen unverkennbar über ihn hinaus – auf eine Welt, in der die Individuen von selber wissen, was zu tun, zu lassen ist. Abschied von der Gouvernante, Traum vom reifen Menschen, der vermöge seiner inneren Führung ein angenehmer Zeitgenosse und (im Doppelsinn des Wortes) gesellschaftsfähig ist[11].

Die „Alten“, die der Dichter aufruft, hatten die „höhere Aufklärung“ insofern vorweggenommen, als sie *zwei* Arten, Haltung zu zeigen, kannten: eine regelkonforme und eine vom erworbenen Gespür für das Richtige und Gebotene geleitete. Im ersten Fall folgt man von außen vorgeschriebenen Praktiken und *lässt sich* moralisch *regieren*, im zweiten Fall arbeitet man (ein Leben lang) an einem ethischen Entwurf seiner selbst und konstituiert sich von sich aus als Moralsubjekt[12].

Für diese moralischen Eliten spielt der Anstand die Rolle einer Ersatzmoral – passend für all jene, die die Mühe, sich selber zu regieren, nicht auf sich nehmen wollen oder können.

Andere Epochen, andere Perspektiven. Unsere Zeit nährt die Erwartung, dass eine moralische Aristokratie für jedermann im Bereich des Menschen Möglichen liegt: jeder sein eigener Regent, den anderen gewogen, sozial verträglich aus freien Stücken, ohne Rückversicherung „nach oben".

9.

Dass die Pflichten sich selbst gegenüber zunehmend in den Vordergrund der Lebensführung drängen, bedeutet an sich kein Verdampfen weder der religiösen noch der sozialen Pflichten. Nur werden diese Pflichten individualisiert, die religiösen generell, die sozialen im umgekehrten Verhältnis zur Systemrelevanz des Handelns. Das eröffnet die (je nach sozialem Sektor gestaffelte) Möglichkeit, seine Pflichten sanktionsfrei zu vernachlässigen.

Wie viel Individuelles, Einmaliges kann sich angesichts der sozialen Umklammerung des einzelnen überhaupt entfalten? – so lautete früher die kardinale Daseinsfrage. Wie viel Raum dürfen andere und anderes in meinem Leben beanspruchen, wenn das *mein* Leben bleiben soll? – so tönt die Frage heute.

Diese Wende verweist auf einen langfristigen Wandlungsprozess, der sich weitgehend hinter dem Rücken der Akteure vollzog. Er verlagerte die Lasten für das Gelingen des Zusammenlebens und Zusammenwirkens, ob Nah-, Mit- oder Fernwelt, von (diversen) sozialen Gruppen auf die einzelnen. Was erst für Freundschaften und Liebesbeziehungen, dann für die Familienbande galt, gilt unterdessen ganz selbstverständlich für kulturelle Netzwerke, politische Allianzen, für wirtschaftliche Vorgänge. Sie alle leben und zehren vom persönlichen Einsatz, von der Fähigkeit der Individuen, sich selbst zu orientieren, zu motivieren, zu steuern.

Wohl sorgen im sozialen Großbetrieb Steuerungsmedien wie Macht, Geld oder Recht als Motive zweiter Ordnung dafür, dass sich Handlung tatsächlich und effektiv an Handlung reiht. Hier überlagern Verfahren, Funktion und Rolle die Person und federn die individuellen Handlungslasten ab.

Mit der kommoden Vorstellung sich gänzlich selbst regulierender Sozialsysteme hat die jüngste globale Finanz- und Wirtschaftskrise gleichwohl gründlich aufgeräumt. Erst versagten die Bremsen, dann trat das Personal infolge falscher Schulung auch noch aufs Gaspedal. Dass das mit Lust geschah geht wohl zu Lasten des „subjektiven Faktors". Oder missversteht, wer hier von menschlichem Versagen redet, die Mächte der Welt, und inszeniert, ganz biederer Anstandskrämer, einen lächerlichen Zwergenaufstand der Moral?

10.

Ein kurzes Resümee kann helfen, diesbezüglich Klarheit zu gewinnen.

Anstand ist ein Zwitter der Verhaltensregulierung, teils im sozialen Fremdzwang verwurzelt, teils in Praktiken der Selbstkontrolle. Anstand ist immer beides – persönlich motiviert und von außen veranlasst, formell und informell in einem, unter Federführung des Formellen.

Ambivalent wie sein Wesen ist sein geschichtlicher Ort. Anstand ist ein Phänomen des Übergangs, ein Schwellenphänomen. Er blickt zurück auf den (vom Bürgertum initiierten) Prozess der *Transformation religiöser in soziale Pflichten*, dessen moralische Essenz er formuliert. Er blickt zugleich voraus, und zwar auf den Prozess der *Transformation sozialer in per-*

sönliche Pflichten, nur kann er dem nicht bis zu Ende folgen. Dazu fehlt ihm die Geschmeidigkeit sowie die Ahnung, genauer die Vorausahnung. Als Weisheit des Imperfekts interpretiert er moralisch relevante Situationen anhand bereits ausgearbeiteter, schon durchgespielter Verhaltensmodelle.

Mehr Handwerker als Künstler misstraut der Anstand der Intuition, die ihm dem „Durchwursteln“ gleich gilt, und fragt nach expliziten Regeln. Die Wahrheit des vom Anstand regulierten Handelns liegt im Auge des Betrachters.

Respekterweisung aus Sorge um den eigenen Ruf – dank dessen knüpfen die Praktiken des Anstands ein soziales Band, sei es selbst widerwillig, unaufrichtig, in heuchlerischer Attitüde; besser das als die Ehrlichkeit des nackten Egoismus, oder?

Gäbe es da nicht etwas Drittes lautete die Antwort ja, unbedingt.

Das Dritte hört auf den Namen *emotionale Intelligenz*. Unter ihrer Leitung dient das Erkunden der eigenen Wünsche und Motive als Schlüssel, der Zugang zum seelischen Erleben anderer gewährt. Sich in diese hineinzuversetzen, Störungen des Zusammenlebens zu antizipieren, Krisenprävention ohne Schiedsrichter, Knüpfen (lockerer) sozialer Netze in eigener Autorschaft – diese und analoge Fähigkeiten gehören zur Kernkompetenz emotionaler Intelligenz[13], die ihre Trümpfe vorzugsweise in offenen, regelarmen oder regelfreien Räumen ausspielt.

Die Präsenz, die Experimentierfreude, der Wagemut des Informellen füllen die Lücken, die in Abwesenheit expliziter Verhaltenscodes entstehen; lösen Probleme, für die es keinen Algorithmus und bewältigen Situationen, für die es keine Instruktionen gibt. Der Zwitter auf der Schwelle, zu unsicher, zu langsam, zu sehr auf andere schielend, damit überfordert, weicht der höheren Aufklärung, die endlich in einer ihr gemäßen Praxis resultiert.

11.

Eben so, als in höherem Sinn aufgeklärt, als Allversteher oder *homo communicans* begreift sich der Wirtschaftsbürger unserer Tage. Er rühmt sich seiner emotionalen Klugheit und erhebt die Kunst der Selbstbindung zum A und O moderner Professionalität. Ungezügelte Affekte waren gestern; wer mit der Zeit geht, moderiert seine Leidenschaften und weiß mit den Gefühlen anderer umzugehen. Sich jederzeit beherrschen, dezenter Machtgebrauch, diesseits der Grenzen des legal und faktisch Möglichen, beweist den wahren Meister, die zeitgemäße Führungskraft. Der kompetente Mitarbeiter folgt in seinem Pflichtenkreis demselben Muster. So entsteht ein Klima guten, kollegialen Einvernehmens – im Inneren der ökonomischen Komplexe, wenn es gut geht.

Außenstehenden gegenüber endet die Selbstbindung oftmals genauso schroff, genau so unvermittelt wie ehedem in der Ständegesellschaft. Was nicht verboten ist, das ist erlaubt, und was erlaubt ist, das geschieht, heißt die Parole. Wer seine Chancen der Umwelt (anderen Unternehmen, Kunden, Endverbrauchern) gegenüber ausreizt, sieht sich belohnt, und greift, derart ermuntert, zum Äußersten, zu Täuschung und Betrug.[14] Führt der Brutalomodus wie kürzlich in den Crash, weist einer, genötigt, die Anstandsbühne zu betreten, auf die anderen, die anderen auf ihn, alle gemeinsam auf das „System" als Urheber des Übels.[15]

Das Beispiel, das die ökonomisch Mächtigen als moralische Liliputaner geben, wirkt – in der Mitte der Gesellschaft und weiter unten. Wo immer es angeht, entsorgt die Selbstverwirklichung die Hemmungen der Selbstbeschränkung. Seine Chancen bis zur Neige auszureizen gilt als Ausweis *sozialer* Intelligenz.

Emotionale Selbststeuerung verkommt zum Armutszeugnis. Äußeres Wohlverhalten, Selbstbindung um des Komforts der anderen willen, erscheint als umgestülpter Luxus, den sich leisten *muss*, wer mangels anderer Durchsetzungsressourcen ansonsten gänzlich ohne Anerkennung bliebe.

12.

Blickt man auf den in Gesellschaften wie der unseren erreichten Stand der Verhaltensregulierung zeigt sich im Kleinen wie im Großen ein Doppel aus Selbstbindung und Rücksichtslosigkeit.

Der *homo oeconomicus* der Jetztzeit lebt den anderen Figuren des Sozialen diesen gespaltenen Verhaltenskanon vor: Innen- und Außenpolitik finden nicht zusammen. Der „emotionale Kapitalismus", innerhalb mancher Werktore eine sinnvolle Übertreibung, überlässt die Außenflächen durchaus rohen Kräften. Von einer durchgreifenden Zivilisierung des Wirtschaftslebens kann derzeit keine Rede sein. Die wäre auch vom eingefleischten Anstand, der die Begierden kappte, ohne ihrer Herr zu werden, nicht zu hoffen. Hilft hier vielleicht der alte Heuchler, der äußere Anstand, weiter?

Seinen guten Ruf kann ein Unternehmen, selbst ein großes, so gut verlieren wie der nächste beste Tunichtgut. Wohl operiert es raumzeitlich weit ausgreifend, ohne direkte Rückkopplung und fühlt sich sofern zum Versteckspiel eingeladen, zum Risikoexport.

Auch sind der potentiell Düpierten viele, weit verstreut, zudem einander überwiegend unbekannt. Von den getrennten einzelnen zum verallgemeinerten Anderen, zur Öffentlichkeit, führen heute indes sehr viel kürzere Wege als noch vor wenigen Jahrzehnten. Ohne seinen Ursachen beizukommen drückt die Skandalisierung geschäftsmäßigen Betrugs dem Betrüger die Anstandsmaske ins Gesicht, legt ihn auf eine Rolle fest – die des ehrlichen Geschäftsmanns –, an die niemand ernstlich glaubt. Anstandspolitik als Werkzeug purer Ironie – wer hätte das gedacht?

Anmerkungen

1 E. Fuchs: Illustrierte Sittengeschichte vom Mittelalter bis zur Gegenwart: Das bürgerliche Zeitalter. Ergänzungsband, München 1912, S. 12, Hervorhebung i. O.

2 Siehe hierzu die an den König gerichteten Bittbriefe ganz normaler französischer (Klein)Bürger aus der Mitte des achtzehnten Jahrhunderts in: A. Farge/ M. Foucault: Familiäre Konflikte. Die >Lettres de cachet<. Aus den Archiven der Bastille im 18. Jahrhundert, Frankfurt am Main 1989.

3 Fuchs, Sittengeschichte, a.a.O., Kapitel II und III.

4 Johann Heinrich Zedlers Großes vollständiges Universallexikon aller Wissenschaften und Künste (1731–1754), Bd. 2, S. 1103, zitiert nach der Online-Ausgabe: Zedler-Lexikon.de, Bayerische Staatsbibliothek, München 2007.

5 Hierzu im Detail: W. Engler: Lüge als Prinzip. Aufrichtigkeit im Kapitalismus, Berlin 2009.

6 Fuchs, a.a.O., Kapitel IV.

7 Vgl. M. Perrot: Formen des Wohnens, in: Geschichte des privaten Lebens, Bd. 4: Von der Revolution zum Großen Krieg, hrsg. von M. Perrot, Frankfurt am Main 1992; R.-H. Guerrand: Private Räume, in: ebd.; A. M. Fugier, Riten der Bürgerlichkeit, in: ebd.

8 N. Elias: Über den Prozess der Zivilisation. Soziogenetische und psychogenetische Untersuchungen, Zweiter Band: Wandlungen der Gesellschaft. Entwurf zu einer Theorie der Zivilisation, in: ders., Gesammelte Schriften, Bd. 3.2, Frankfurt am Main 1997, S. 427.

9 B. Franklin, Autobiographie, Berlin 1956 (Original 1770), S. 150f.

10 F. Hölderlin: Über Religion, in: ders., Sämtliche Werke und Briefe, Bd. 2, Berlin 1970, S. 384f., Hervorhebung i. O.

11 Denselben Traum wie Hölderlin träumte schon der junge Friedrich Schiller. Gleich in der Ersten Szene des Ersten Akts seines Bühnenstücks *Kabale und Liebe* unterzieht er die bürgerliche Standesmoral einer harschen Kritik. Das Ehepaar Miller sorgt sich um den Ruf seiner Tochter Luise, seit ihr der junge Ferdinand, ein Adliger, Avancen macht. Während die Mutter ihre Bedenken mit dem Gedanken an einen möglichen sozialen Aufstieg betäubt,

sieht der Musikus Miller mit der Keuschheit Luises zugleich die Familienehre in Gefahr. Frei seinen Gefühlen folgen können wäre wunderbar, nur die Verhältnisse, die sind nicht so ...

12 In Moralen, die den Akzent auf die Regeln legen, auf den Code, „ist das Wichtige auf seiten der Autoritätsinstanzen zu suchen, die diesem Code Geltung verschaffen, seine Erlernung und Beachtung durchsetzen, die Übertretungen sanktionieren; unter diesen Bedingungen vollzieht sich die Subjektivierung hauptsächlich in einer quasi juridischen Form, in der sich das Moralsubjekt auf ein Gesetz oder ein Ensemble von Gesetzen bezieht, denen es sich unterwerfen muß, widrigenfalls es einer Bestrafung verfällt ... Andererseits lassen sich Moralen denken, in denen das starke und dynamische Element auf seiten der Subjektivierungsformen und Selbstpraktiken zu suchen ist. In diesem Fall kann das System der Codes und Verhaltensregeln ziemlich rudimentär sein", so M. Foucault, Der Gebrauch der Lüste (Sexualität und Wahrheit 2), Frankfurt am Main 1986, S. 41f.

13 Siehe ausführlich: E. Illouz, Die Errettung der modernen Seele. Therapien, Gefühle und die Kultur der Selbsthilfe, Frankfurt am Main 2009.

14 J. K. Galbraith, Der große Betrug, in: *Blätter für deutsche und internationale Politik*, Heft 6, 2010.

15 Vgl. den Abschnitt „Anstandsbühne", in: C. Honegger/ S. Neckel/ C. Magnin: Strukturierte Verantwortungslosigkeit. Berichte aus der Bankenwelt. Frankfurt am Main 2010.

Deutsche Schweine. Über die Geschmeidigkeit des „Anständigen“

Harald Welzer

1. Anständigkeit gestern

„‚Deutsche Schweine‘ nennen die uns. Und da haben wir die großen Leute wie Wagner, Liszt, Goethe, Schiller, und die nennen uns ‚deutsche Schweine‘.“ Ich verstehe das wirklich nicht.“

„Weißt du, wie das kommt? Weil der Deutsche zu human ist und diese Humanität nützen sie aus und schimpfen auf uns.“[1]

Dieser Dialog zwischen zwei Soldaten in britischer Kriegsgefangenschaft, nennen wir sie Krüger und Schulz, offenbart zwei interessante Aspekte, die beide etwas mit der Kategorie „Anständigkeit“ zu tun haben: Zum einen, so deutet Krügers Verweis auf Wagner, Liszt, Goethe und Schiller an, hängt das nationale Selbstbild stark an ikonischen Figuren, die für jene Eigenschaften stehen, die sich die Mitglieder der Nation auch selbst zuschreiben: wenn man zu solchen Leuten gehört, dann, so der irritierte Sprecher, kann man wohl kaum ein „Schwein“ sein – ja, dann stellt die Verbindung „deutsch“ und „Schwein“ schon einen Widerspruch in sich selbst dar. Norbert Elias hat verschiedentlich darauf hingewiesen, wie eng individuelle Selbstbilder mit denen der nationalen Gruppe verbunden sind, zu der man zählt, und in seiner Studie über „Etablierte und Außenseiter“ hat er herausgearbeitet, dass ein jeweiliges Gruppencharisma immer auf die Eigenschaften baut, die den besten Angehörigen der Gruppe zugeschrieben werden. Die Wahrnehmung von Außenseitergruppen dagegen orientiert sich nicht an den „besten“, sondern an den „schlechtesten“ Gruppenmitgliedern, womit das positive Selbstbild von Etabliertengruppen noch eine Verstärkung ex negativo erfährt.[2] Genau darauf nimmt Schulz Bezug, wenn er die Beschimpfung „deutsche Schweine“ gerade darauf zurückführt, dass „der Deutsche“ eben zu human sei und somit solchen Anwürfen nie angemessen entgegentrete – womit eine starke Verbindung zwischen dem gefühlten und durch Wagner und Co. repräsentierten Gruppencharisma und der damit verbundenen „Humanität“ hergestellt ist. Zum Zeitpunkt dieses Gesprächs ist der Vernichtungskrieg der Deutschen in vollem Gange, es hat bereits Millionen Kriegstote und Ermordete gegeben; in Deutschland herrscht eine rassistische Diktatur, die seit neun Jahren eine radikale Ausgrenzungspolitik gegen einen Teil der europäischen Bevölkerung durchführt. Woher also beziehen Krüger und Schulz ihre Verwunderung darüber, wie sie von außen betrachtet werden?

Die Antwort ist einfach: Krüger und Schulz organisieren ihre Wahrnehmung und Selbstwahrnehmung innerhalb eines nationalen Referenzrahmens, der sowohl Elemente der deutschen Klassik und des Humanismus wie der gegenmenschlichen Theorie und Praxis des Nationalsozialismus integriert.[3] Innerhalb dieses Referenzrahmens sind durchaus noch Normen in Geltung, die auf Humanität, Solidarität, Bildung etc. verpflichten, deren Geltungsbereich sich aber auf den Binnenraum der „Volksgemeinschaft“ beschränkt. Gruppen, die aus verschiedenen, vor allem rassebiologischen Gründen als „Gemeinschaftsfremde“ betrachtet werden, befinden sich außerhalb des Geltungsbereichs dieses

Normensystems. Entsprechend bezieht sich, was als „anständiges Verhalten“ gilt, auch keineswegs auf alle Gruppen und Personen gleichermaßen.

Der stärkste Indikator für die Wirksamkeit eines Referenzrahmens ist die Verwunderung, die entsteht, wenn andere Menschen die Dinge anders sehen als man selbst. Daher gibt die tiefe Irritation darüber, dass Angehörige anderer Nationen Krüger und Schulz als „Deutsche Schweine“ betrachten, auch an, welchen Stellenwert das gigantische Verbrechen der Judenvernichtung in der Lebenswelt der Soldaten hat: keinen jedenfalls, der ihr Selbstbild als Träger der Humanität grundsätzlich in Frage stellen würde.

„Ich glaube, meine Herren, dass Sie mich soweit kennen, dass ich kein blutrünstiger Mensch bin und kein Mann, der irgendwie an etwas Hartem, das er tun muss, Freude oder Spaß hat. Der aber andererseits so gute Nerven und ein so großes Pflichtbewusstsein hat – das darf ich für mich in Anspruch nehmen – dass ich dann, wenn ich eine Sache erkenne, und als notwendig erkenne, sie kompromisslos durchführe.“[4] Dieses Zitat stammt, wie ein ungleich berüchtigteres, auf das ich gleich noch zu sprechen kommen werde, von Heinrich

Himmler, und es ist gewiss kein Zufall, dass Gewaltakteure wie er oder Rudolf Höß oder zahllose andere immer wieder betont haben, dass es eine unangenehme, der eigenen „Menschlichkeit" widerstrebende Aufgabe war, Menschen zu vernichten, dass sich aber gerade in der Selbstüberwindung zum Töten die besondere charakterliche Qualität der Täter zeige. Es geht hier um die Verkoppelung von Töten und Moral, und es ist diese Verkoppelung zwischen der Einsicht in die Notwendigkeit unangenehmer Handlungen und dem Gefühl, diese als notwendig angesehenen Handlungen *gegen* das eigene mitmenschliche Empfinden auszuführen, die den Tätern die Möglichkeit gab, sich noch im Morden als „anständig" zu empfinden, als eine Person etwa, die – um Rudolf Höß zu zitieren – „ein Herz hatte", die „nicht schlecht war."[5]

Wenn Akteure in Gewaltprozessen autobiographisches Material – Tagebücher, Aufzeichnungen, Interviews – hinterlassen haben, zeigt dieses in der Regel ein auffälliges Merkmal. Selbst wenn die betreffenden Personen offenbar keinerlei humanen Zurechnungsmaßstab für das zu haben scheinen, was sie angerichtet haben, sind sie doch regelmäßig ängstlich darauf bedacht, nicht als „schlechte Menschen“ dazustehen, sondern als Personen, deren moralisches Vermögen gerade auch im Rahmen der extremen Situationen ihres Handelns intakt geblieben war. Es scheint also einen ziemlich grundlegenden Widerstand von Menschen dagegen zu geben, als „schlecht“ zu gelten, und noch der skrupelloseste Verbrecher scheint aller Erfahrung nach größten Wert darauf zu legen, in irgendeiner Facette seiner Persönlichkeit als „anständig“ wahrgenommen und nicht jenen Kategorien von Personen zugeordnet zu werden, die er selbst verabscheut.[6] Der Wunsch, als „anständige“ Person angesehen zu werden, existiert, so weit ich sehe, für alle Gewaltakteure, gleichgültig, wie ihr Bildungsstand, ihre hierarchische Position, ihre Intelligenz ausfiel. Noch Kurt Franz, Stellvertreter und Nachfolger von Franz Stangl als Kommandant des Vernichtungslagers Treblinka, ein ausgewiesener Sadist, unter dessen Kommando etwa 300.000 Personen und mindestens 139 durch seine eigenen Hände brutal getötet wurden,[7] behauptet in einem Interview, „dagegen“ gewesen zu sein, und führt als biographischen Beleg für seine Haltung an, „niemals in meinem Leben irgendwo mit irgendwelchen Juden Schwierigkeiten gehabt“ zu haben, was zum Beispiel daraus hervorgehe, dass er „mit den Juden im Stadion in Düsseldorf Makabi als Gegner Handball gespielt" habe.[8] Es geht auch ihm um eine Unterstreichung seiner persönlichen Integrität, die auf eine Differenzierung zwischen dem eigenen moralischen Vermögen und der geforderten mörderischen Aufgabe hinausläuft. Wenn Menschen Geschichten erzählen, die davon handeln, wie „anständig" sie unter unmenschlichen Verhältnissen gehandelt haben, ist das wahrscheinlich nur selten bewusst gelogen. Es spricht einiges dafür, dass sie daran auch selbst glauben.

Richard Breitman schließt seine Biographie Heinrich Himmlers mit der deprimierenden Feststellung, dass der Architekt des Massenmords bis zum Schluss der festen Überzeugung war, ein Moralist zu sein.[9] Diese Selbsteinschätzung ist von heute aus betrachtet natürlich nicht zustimmungsfähig, war es aber vermutlich in weiten Teilen der nichtjüdischen deutschen Bevölkerung bis 1945. Und das verweist eindringlich darauf, dass wir bei der Analyse des Handelns historischer Akteure mit Moralkonzepten konfrontiert sind, die von unseren abweichen, aber in der Sicht der Akteure Geltung beanspruchen und ihr Handeln anleiten konnten.[10]

So beinhaltete die nationalsozialistische Moral als zentrales Moment die Vorstellung erstens von einer absoluten Ungleichheit von Menschen, die aus der Sicht der Akteure wissenschaftlich begründet war, und zweitens die Setzung, dass diese Ungleichheit eine Bedrohung für die nach rassistischen Kriterien höherwertige Gruppe von Menschen bedeutete, der man um des eigenen Überlebens willen begegnen musste. Im Licht einer solchen Moral musste es keineswegs einen Widerspruch darstellen, wenn man aus rassenbiologisch begründeten Überzeugungen, aber auch aufgrund einer „völkischen Weltanschauung“ der Auffassung war, dass das „Judentum“ an sich eine Gefahr darstellte, während man gleichzeitig persönlich gar nichts gegen einzelne Juden hatte. Im Gegenteil: die Einsicht in die historische Notwendigkeit, die feindliche „Rasse“ in die Schranken zu weisen oder sie in letzter Konsequenz zu vernichten, kann moralisch begründet sein, gerade dann, wenn die Maßnahmen dem eigenen „mitmenschlichen“ Gefühl widersprechen. Vor diesem Hintergrund ist etwa die Formulierung eines Angehörigen eines Erschießungskommandos einzuordnen, der nach der Exekution einer Gruppe von 200 Juden, die zum Teil den Schützen persönlich bekannt waren, gesagt hat: „Menschenskind, verflucht noch mal, eine Generation muss dies halt durchstehen, damit es unsere Kinder besser haben."[11]

In dem Datenbestand der Abhörprotokolle der Gespräche deutscher Kriegsgefangener, dem auch das Gespräch zwischen Krüger und Schulz entstammt, ist oft von der Massenvernichtung der Juden die Rede, nur selten affirmativ, oft kritisch, aber auf eine Weise, die von heutigen Erwartungen radikal abweicht. Hierzu ein paar Beispiele:

Aue: Wir haben vielleicht nicht immer richtig gehandelt, wenn wir die Juden massenweise umgelegt haben im Osten.

Auch wenn diese Aussage eher moderat daherkommt („vielleicht nicht immer richtig"), spricht sie doch deutlich aus, dass Aue die Judenvernichtung äußerst kritisch sieht. Der Referenzrahmen dieser Kritik erschließt sich freilich erst im Fortgang des Gesprächs:

Schneider: Es war zweifellos ein Fehler. Wollen mal sagen, ein Fehler nicht, aber undiplomatisch. Wir hätten das später machen können.

Aue: Wenn wir ganz fest drinsaßen.

Schneider: *Wir hätten es für später aufbewahren können, denn der Jude ist und bleibt nun mal einflussreich, vor allem in Amerika.*[12]

Aue und Schneider sind also der Auffassung, dass nicht das Projekt der Vernichtung selbst verkehrt war, sondern lediglich der Zeitpunkt ihrer Durchführung. Man hätte das Ganze nach dem Endsieg durchführen sollen. Von Hauptmann Dette vom Kampfgeschwader 40 hören wir zunächst eine empathische Erzählung über das, was er von einem guten Bekannten aus erster Hand über Konzentrationslager erfahren habe:

„Ein Funker, der war drüben in der USA in derselben Firma wie ich. Der war im Konzentrationslager gewesen – neun Monate lang, in Deutschland. Der hatte zuerst nie darüber gesprochen, und dann erst so nach drei Jahren – der war mit mir zur SHELL gekommen – da haben wir also abends zusammengesessen, da sage ich: ‚Nun los, Mensch, erzähle mal, was los war.‘ Das war ein ganz sachlicher, ruhiger Mann, da hat der mir mal geschildert, wie das so gewesen ist im Konzentrationslager. Der war gleich im Anfang eingebuchtet worden als Kommunist. Ihm selber ist gar nicht so viel passiert, weil er in die Schreibstube gesetzt wurde und er hat dann immer bloss die Listen geführt. Dann wurde ihm immer gesagt: ‚Nummer 26 tot, Nummer 28 tot,‘

so alle abgestrichen immer usw. Da hat er so mit eigenen Augen gesehen, das Schreien gehört und wie das nun so gewesen ist. Nachts haben sie da gelegen – da waren also Professoren dabei und Ärzte und alles so was – in einem Raum zu fünfzig Mann, ein Bett neben dem anderen mit Stroh im Winter, und dann kamen SA-Leute 'rein, die sich in der Kantine besoffen hatten, sagten: ‚Raus!' dann alles ‚raus' aufgestanden, in der Unterhose haben sie im Schnee gestanden. Da haben sie gestanden, bis sie umgefallen sind, und dann waren denen natürlich die Füsse erfroren, das ist ja klar. Da ist aber nichts veranlasst worden. Dann am nächsten Tage mussten sie wieder arbeiten mit denen, und so sind sie so langsam umgefallen davon."[13]

Sein Gesprächspartner, Leutnant Schürmann von der Luftwaffe, kennt ebenfalls jemanden, der in einem Konzentrationslager war:

Schürmann „Ich hatte ja auch einen Kameraden, wissen Sie weshalb der in's Konzentrationslager gekommen ist? Weil er angeblich 'mal ein bündischer Führer gewesen war. Das ist ja eine Schweinerei! So mit Eisdusche usw. Aber der ist ja dann auch 'rausgekommen."[14]

Insoweit lesen wir also ein Gespräch über die Schrecken der Lager und das Leiden der Opfer. Die Fortführung des Gesprächs durch den Hauptmann kommt dann etwas überraschend:

Dette: „Ja, wenn sie wenigstens dann die Leute erschossen hätten, aber dann haben sie dummerweise nachher die Leute wieder laufen lassen zum Teil und die haben natürlich nicht die Schnauze gehalten. Obwohl die meisten eben so verschüchtert waren, dass sie tatsächlich nichts gesagt haben. Der hat mir in drei Jahren nichts gesagt, obwohl wir uns duzten und kannten! Keinen Ton! Hat nur gesagt: ‚Frag' mich nicht darüber.' Da hat mir ein SS-Mann erzählt: In Polen sind sie über die Strasse gegangen, kamen an irgendein Haus, gehen sie in den Flur ,rein, die Granate abgezogen, hört zu und dann gewartet bis es bums macht. Nur aus reiner Lust. Das ist natürlich gut – also meinetwegen da geht ein alter Jude drauf – na ja, ist noch nicht so wild. Aber das Schlimme ist eben, dass die Sachen ins Ausland dringen.“[15]

Hauptmann Dette stellt keinerlei Transfer her zwischen den berichteten Zuständen im Konzentrationslager, den Leiden seines Bekannten und den gesellschaftlichen und staatlichen Rahmenbedingungen, die derlei Dinge ermöglichen. Im Gegenteil hält Dette es für ein Problem, dass man die Insassen der Lager nicht umbringt, sondern sie entlässt, weshalb sogar im Ausland über die Geschehnisse in Konzentrationslagern berichtet wird.

Nicht die Judenvernichtung an sich, sondern lediglich ihre Umsetzung wird als Problem betrachtet, und vor diesem Hintergrund muss man sogar Himmlers Klage in seiner berüchtigten Posener Rede vom 4. Oktober 1943 ein gewisses empirisches Fundament attestieren: „Es gehört zu den Dingen, die man leicht ausspricht. – ‚Das jüdische Volk wird ausgerottet', sagt ein jeder Parteigenosse, ‚ganz klar, steht in unserem Programm, Ausschaltung der Juden, Ausrottung, machen wir.' Und dann kommen sie alle an, die braven 80 Millionen Deutschen, und jeder hat seinen anständigen Juden. Es ist ja klar, die anderen sind Schweine, aber dieser eine ist ein prima Jude."[16] Diese Rede, die gewöhnlich als Dokument des schieren Zynismus und als Inkarnation der „moralischen Korrumpierung" der Akteure betrachtet wird, kann viel sinnvoller als Hinweis darauf gelesen werden, welche moralischen Standards Himmler bei den Soldaten seinerzeit voraussetzen konnte, wie also der Referenzrahmen der Anständigkeit gestaltet war. Himmler fährt fort:

„Und von allen, die so reden, hat keiner zugesehen, keiner hat es durchgestanden. Von Euch werden die meisten wissen, was es heißt, wenn 100 Leichen beisammen, wenn 500 daliegen oder wenn 1000 daliegen. Dies durchgehalten zu haben und dabei – abgesehen von Ausnahmen menschlicher Schwächen – anständig geblieben zu sein, das hat uns hart gemacht. Dies ist ein niemals geschriebenes und niemals zu schreibendes Ruhmesblatt unserer Geschichte, denn wir wissen, wie schwer wir uns täten, wenn wir heute noch in jeder Stadt – bei den Bombenangriffen, bei den Lasten und bei den Entbehrungen des Krieges – noch die Juden als Geheimsaboteure, Agitatoren und Hetzer hätten. [...] Wir hatten das moralische Recht, wir hatten die Pflicht gegenüber unserem Volk, dieses Volk, das uns umbringen wollte, umzubringen. Wir haben aber nicht das Recht, uns auch nur mit einem Pelz, mit einer Uhr, mit einer Mark oder mit einer Zigarette oder mit sonst etwas zu bereichern. [...] Insgesamt aber können wir sagen, dass wir diese schwerste Aufgabe in Liebe zu unserem Volk erfüllt haben. Und wir haben keinen Schaden in unserem Inneren, in unserer Seele, in unserem Charakter daran genommen.“

Die nationalsozialistische Ethik der Anständigkeit speist sich vor allem aus dem Motiv, sich nicht persönlich zu bereichern oder individuellen Vorteil aus Verbrechen, Morden, Vergewaltigungen, Plünderungen etc. zu ziehen, sondern dies alles stets um eines höheren Zwecks willen zu tun. Diese

Ethik der Anständigkeit erlaubt es, Dinge, die unter Gesichtspunkten christlich-abendländischer Moral absolut böse sind, als gerechtfertigt, ja, als notwendig in das eigene moralische Selbstbild zu integrieren. Tatsächlich ist diese Form nationalsozialistischer Moral, die auch vorsieht, dass man unter der „Drecksarbeit", die man mordend machen muss, durchaus selbst leiden kann, das zentrale psychologische Moment, das es den Tätern erlaubte, zu morden und sich dabei in einem moralischen Sinn nicht schlecht zu fühlen.[17]

2. Anständigkeit heute

Angesichts eines solchen Referenzrahmens für die Kategorie „Anständigkeit" wird man den Begriff nicht leichtfertig verwenden wollen. Aber die Kontextabhängigkeit dessen, was als „Anständigkeit" gilt, hilft vielleicht, ihr etwas besser auf die Spur zu kommen. Im Augenblick hat dieser Begriff ja, davon legt nicht nur dieses Buch Zeugnis ab, Konjunktur: Karen Duve etwa nennt ihr Buch über die Abkehr vom Fleischkonsum „Anständig essen"; Was mit dieser Begriffsverwendung bezeichnet werden soll, ist die Begründung einer Handlungsweise aus einer

Haltung heraus – nämlich aus „Anständigkeit“. Anständigkeit bezeichnet in diesem Sinn einen Handlungsstandard, der jeder einzelnen Entscheidung und Handlung vorgängig ist, also eine institutionalisierte Handlungsweise.

Aber schon Arnold Gehlen hat darauf hingewiesen, dass Institutionen in dem Augenblick, in dem sie erodieren, der Stützung von außen bedürfen. Erst wenn etwas keine Selbstverständlichkeit mehr ist, die der Thematisierung nicht bedarf, wird es zum Desiderat, wird seine Notwendigkeit artikuliert. Wenn also vermehrt von „Anständigkeit“ die Rede ist, steht ganz einfach ihre Geltung in Frage. Das ist insofern auch wenig verwunderlich, als durch die Finanzmarktkrise das Verhalten bestimmter Akteure, insbesondere von Bankern und Steuerhinterziehern sehr stark kritisiert worden ist. Gerade in Absetzung von der unanständigen „Gier“ solcher Akteure tauchen dann plötzlich Bilder vom „ehrbaren Kaufmann“ oder „anständigen Steuerzahler“ in der öffentlichen Debatte auf. Vor diesem Hintergrund definiert sich Anständigkeit zunächst also negativ: als ein Gutes, das das Böse ist, was man lässt (um es mit der Moraltheorie von Wilhelm Buch zu formulieren).

Auch als ex negativo definierte Kategorie bezeichnet „Anständigkeit" keine Eigenschaft, sondern eben eine Haltung, betrifft also weniger die konkrete Handlungsweise einer Person als ihre Persönlichkeit. Gerade darin liegt aber ihre Kompatibilität: was unter einer jeweiligen historischen und kulturellen Bedingung A als anständig gelten kann, gilt unter Bedingung B als ganz und gar unanständig. Tatsächlich hatte Heinrich Himmler in seiner Posener Rede die Kategorie „Anständigkeit" ja deshalb bemüht, weil es, wie er sagte, durchaus einige „Ausnahmen menschlicher Schwäche" bei der SS gegeben habe – die damit bezeichnete Unanständigkeit des Handelns bezog sich freilich auf persönliche Bereicherungen im Zusammenhang von Massentötungen, nicht etwa auf das Töten selbst.

Gerade die nationalsozialistische Fassung der „Anständigkeit" zeigt, wie anfällig solche normativen Großkonzepte sind: Während sie ein Bollwerk gegen moralische Verfallszustände zu sein vorgeben, repräsentieren sie solche am Ende doch nur selbst. Aber auch aus anderen Gründen scheint mir die Zeit normativer Großkonzepte vorüber zu sein: Das 20. Jahrhundert hat ja in grausamster Eindrücklichkeit gezeigt, dass universalistische Moralkonzepte nie als Hindernisse für gegenmenschliche gesellschaftliche Projekte wirken; ganz im Gegenteil treten alle totalitären Projekte – sei es des Nationalsozialismus, des Stalinismus, des Maoismus – unter dem universalistischen Vorzeichen der Beglückung jener Menschen an, die zum Kreis der – nach Rasse oder Klasse – Zugehörigen zählen.

Umgekehrt stellen alle exkludierten Gruppen eine Gefährdung der universalistischen Geltungsansprüche dar und müssen folgerichtig beseitigt werden. Paradoxerweise kommt also kein Universalismus ohne eine Definition seines Geltungsbereichs aus – wie man ohne Weiteres an tierethischen oder präimplantationsdiagnostischen Debatten sehen kann. Weil das so ist, befinden sich normative Großkonzepte prinzipiell in der Gefahr, partikular angewendet und damit umstandslos in ihr Gegenteil verkehrt zu werden.

Aber es gibt auch noch einen anderen Grund, skeptisch gegenüber universalistischen normativen Kategorien zu sein: In hoch arbeitsteiligen, funktional differenzierten Gesellschaften sind Menschen in unterschiedlichen Rollen mit je unterschiedlichen praktischen und normativen Anforderungen konfrontiert, die sie gewöhnlich auch dann erfüllen können, wenn diese Anforderungen von Rolle zu Rolle widersprüchlich sind. Zum Beispiel verlangt die Rolle des Vaters ein völlig anderes Entscheidungsverhalten als die eines Werkleiters oder die eines ausgefuchsten Kartenspielers, aber es macht gar keine praktischen Probleme für eine einzige Person, den widersprüchlichen Anforderungen aller drei Rollen nachzukommen. Da jede Rolle notwendig auch einen spezifischen und spezifisch abgegrenzten Raum von Verantwortlichkeit impliziert, wird klar, dass universalistische Normen jeder konkreten Realisierung von Verantwortung völlig äußerlich bleiben müssen. Es käme auch vor diesem Hintergrund darauf an, universalistische Großkategorien zugunsten von partikularistischen Normen und Ethiken aufzugeben – solchen also, die Menschen dabei helfen, in einem jeweils gegebenen Rahmen das Richtige zu tun. Was „anständig" wäre und was nicht, wäre somit immer konkret kontextabhängig – was etwas völlig anderes wäre, als die abstrakte Inanspruchnahme von „Anständigkeit", unabhängig von den Handlungskontexten. Denn damit, um ein letztes Mal zwei Soldaten zu zitieren, endet man bei einer „Anständigkeit“, die als Legitimation der Gegenmenschlichkeit fungiert:

Holm: „Der deutsche Landser selbst, der nicht bei der SS ist, der ist viel zu anständig gewesen.

Frick: Bestimmt, man ist direkt manchmal zu anständig.“

Anmerkungen

1 Gespräch zwischen zwei Wehrmachtsoldaten in britischer Kriegsgefangenschaft am 27.1.1942.
2 N. Elias: Etablierte und Außenseiter. Frankfurt am Main 1986.
3 S. Neitzel/ H. Welzer: Soldaten. Protokolle vom Kämpfen, Töten und Sterben, Frankfurt am Main 2011.
4 M. Alexandre: Der Judenmord. Deutsche und Österreicher berichten, Köln 2004, S. 115.
5 R. Höß: Kommandant in Auschwitz. Autobiographische Aufzeichnungen des Rudolf Höß, herausgegeben von M. Broszat, München 1963, S. 156.
6 Programmatisch hierzu der Titel von G. Friedrichsen: „Ich bin doch kein Mörder!“ Gerichtsreportagen 1998–2004, München 2004.
7 H. Jäger, Verbrechen unter totalitärer Herrschaft. Studien zur nationalsozialistischen Gewaltkriminalität, Olten/ Freiburg 1967, S. 28.
8 Alexandre, Judenmord, a.a.O., S. 142.
9 R. Breitman, Himmler and the Final Solution. The Architect of Genocide, London 1991, S. 243.
10 R. Gross/ W. Konitzer, Geschichte und Ethik. Zum Fortwirken der nationalsozialistischen Moral, in: *Mittelweg* 36, 4/1999, S. 44–67, hier: S. 48ff; vgl. auch R. Gross: Anständig geblieben. Nationalsozialistische Moral. Frankfurt am Main 2010.

11 J. Matthäus, Das „Unternehmen Barbarossa“ und der Beginn der Judenvernichtung, Juni-Dezember 1941, S. 373, in: C. R. Browning (Hg.): Die Entfesselung der „Endlösung“. Nationalsozialistische Judenpolitik 1939–1942, München 2003, S. 360–448.

12 8.7.1944, zitiert nach Neitzel/ Welzer, a.a.O.

13 26.1.1944, zitiert nach Neitzel/ Welzer, a.a.O.

14 Ebd.

15 SRA 4878, 26.1.1944, TNA, WO 208/4132.

16 Internationaler Militärgerichtshof Nürnberg (Hg.): Der Prozess gegen die Hauptkriegsverbrecher vor dem Internationalen Militärgerichtshof, Bd. 29, S. 145.

17 H. Welzer: Täter. Wie aus ganz normalen Menschen Massenmörder werden. Frankfurt am Main 2005.

Cape Greed?
Über Systemimperative, Gier und organisierte Moralverdrängung

Günther Ortmann

„You must play on the two basic emotions: fear and greed."
Michael Hammer

„... das Elend enttäuschter Habgier ..."
Adam Smith, Theory of moral sentiments

Wenn die Universität St.Gallen 2010, noch unter dem Eindruck der Finanzkrise der Jahre seit 2007, im Rahmen ihrer Haniel-Seminare und eines prominent besetzten Haniel-Podiums die Frage nach dem Verhältnis von Anstand und Wirtschaft aufwirft, ist das dann mehr als ein letztes Auflodern der Flamme der Moral, bevor sie endgültig erlischt?

Sind die eifrigen Bekenntnisse der Podiumsteilnehmer und der einen -teilnehmerin, Bekenntnisse zu Anstand und zum täglichen Blick in den Spiegel, mehr als Naivität oder Hypokrisie? Muss nicht von systemischen Nötigungen die Rede sein statt von Moral und wohlfeiler Verabscheuung der Gier?

Gier?

Umgekehrt proportional zur Empörung der Normalsterblichen über die Raffsucht der Raffsüchtigen – „Cape Greed" stand 2008 auf so manchem Protestplakat auf der Wallstreet, und „Gierschlund & Raffke" („Engulf & Devour") heißt der fiese Konzern in Mel Brooks' *Silent Movie* – verhält sich die kühle Distanz der meisten Soziologen zur Kategorie der Gier. Von der moralischen Abstinenz des gemeinen Ökonomen zu schweigen, dessen heimliches Credo nicht erst von Gordon Gekko in „Wall Street" – „The point is, ladies and gentlemen, that greed … is good. Greed is right. Greed works" – und nicht erst von Management-Gurus wie Michael Hammer, sondern bereits von Bernard Mandeville in der Bienenfabel preisgegeben (und von Adam Smith kritisiert)[1] wurde:

„Stolz, Luxus und Betrügerei
Muss sein, damit ein Volk gedeih'."

Die Raffzähne, die da angeblich in die Hölle gehören, so ließe sich in Mandevilles Sinne ferner argumentieren, sind doch ohnehin immer nur „die anderen". Dabei sitzen doch alle, die mit diesem moralischen Stein werfen, im Glashaus: Wer von uns würde schon nein sagen, wenn es heißt: Darf es eine Million mehr sein, oder zehn, oder Hundert?

In dieser Lage plädiere ich dennoch dafür, die – psychologische *und* moralische! – Kategorie der Gier *nicht* zu opfern. Allerdings sollte eine Kritik der Gier erstens daraus nicht eine Sache *der* Menschennatur machen – das wäre eine „misplaced abstractness" – und zweitens Selbstgerechtigkeit und Moralinsäure meiden. Sie sollte eine kühle, verhaltene Moralität wahren, und sie sollte der Versuchung widerstehen, ökonomische, gesellschaftliche und kulturelle Angelegenheiten auf eine Sache der Psyche – oder, wie man heute ergänzen muss, der Gene – zu *reduzieren*.

1. Gier *versus* System?

Wenn Gier in einer angemessenen Erklärung der Finanzkrise eine Rolle spielen können soll, dann also *nicht* als anthropologisch-psychologische Konstante.

Dass dies kein gangbarer Weg ist, erweisen ja sofort die einfachen Fragen: Warum Gier hier und nicht dort? Warum jetzt und nicht – nicht in dem Maße – früher? Was sind die ökonomischen, sozialen und kulturellen Bedingungen der Möglichkeit dieser Gier? Was sind die *systemischen* Bedingungen, unter denen jene Maßlosigkeit ermöglicht und losgelassen wird, die 2007ff. in den Blick und in die Kritik geraten ist?

Wer so fragt, vermeidet den im Jargon der Sozialpsychologen sogenannten „fundamentalen Attributionsfehler", zu dem wir alle neigen: die Adressierung an Personen und ihre Moral, wo es um Effekte sozialer Systeme geht. Wir lieben es, so lautet diese Kritik, schuldige Personen auszumachen. In sozialen Systemen aber werde es dafür schnell zu komplex.

Jedoch: Dieses Kind soll man nicht mit dem Bade der Psychologismus-Kritik ausschütten. Das kann man vermeiden, indem man sich weigert, der Suggestion nachzugeben, man hätte bei der Erklärung der finanziellen Transaktionen, die seit 2007 öffentlich bekannt geworden sind, zwischen einer Alternative zu wählen: Gier *oder* Systemzwänge. Dass dies ganz unnötig und sogar abwegig ist, sieht man leicht, wenn man sich klar macht: Die in Rede stehenden Systeme sind *Handlungs*systeme. Sie bestehen aus Handlungen, die (Handlungs-)Orientierungen folgen, welche ihrerseits nicht vom Himmel fallen, nicht den Menschen qua bio- und/oder psychologischer Natur ein für allemal auferlegt sind, sondern (jedenfalls zu einem ganz erheblichen Teil) aus ihrer *Inter*aktion untereinander resultieren: Handlungsorientierungen wie zum Beispiel Gier, Fürsorge, Ehrgeiz, Selbstsucht oder Orientierung an „prosozialen Normen" (wie Fairness, Gerechtigkeit, Reziprozitätsnormen).

Dann lässt sich das Verhältnis von Gier und System als rekursives Konstitutionsverhältnis bestimmen: Zwar gibt es Gier auch jenseits systemischer Nötigungen. Aber das System ermöglicht/ forciert/ begründet unter Umständen Gier, und Gier ist *dann* als Handlungsorientierung – unter *anzugebenden* Umständen! – *in ihrer Maßlosigkeit maßgeblich* für das Handlungssystem.

Welches nun sind diese „anzugebenden Umstände" – die Bedingungen der Möglichkeit einer Gier, die als mit Akzeptanz ausgestattete Handlungsorientierung *eine* treibende Kraft des Finanzsystems werden konnte?[2]

Ich schicke voraus, dass neben der Gier weitere Emotionen zu nennen wären, auf die ich hier nicht eingehe; besonders Angst und Scham, deren spezifische Rolle bei riskanten (finanziellen) Transaktionen allerdings eigens eruiert und angegeben werden müsste – ferner weitere komplexeste Motivationen, die erst recht ihre Entstehung oder besondere Ausprägung jenem Transaktionszusammenhang verdanken, den sie sodann antreiben. Beispiele sind bei Finanzinvestoren und Spekulanten Erfolgsbestätigungseffekte und, im Fall von Verlusten, ein von sich steigernder Verlustaversion verengter Tunnelblick („Casino-Tunnel"), der die Akteure immer tiefer in hochriskante Anlagen hineintreibt,[3] Variante einer seit langem bekannten „escalation of commitment"[4].

Wer nun als erste jener anzugebenden Bedingungen das Geld anführt, den Übergang von einfacher Tausch- zur Geldwirtschaft (oder, wie manche meinen, die Entstehung des Geldes aus dem Privateigentum), sodann den Umstand, dass Geld „des Umsatzes Anfang und Ende" ist, ohne Schranke, ohne Grenze, ohne immanentes Maß für ein Erwerbsziel, so dass „alle, die sich mit Erwerb befassen, ihr Geld schrankenlos zu vermehren trachten" – wer solche Töne anschlägt, die nun doch allzu sehr nach dem Gottseibeiuns der ökonomischen Zunft klingen, nach Karl Marx, der wird wohl zumindest einer Batterie von Fragen ausgesetzt werden, die etwa so lauten: Und? Sollen wir etwa das Geld abschaffen? Das Rad der Geschichte zurückdrehen? Des Abends Wachskerzen anzünden?

Gemach. Zunächst: Die Zitate stammen nicht von Marx, sondern von einem Autor, der sich zweieinviertel Jahrtausende zuvor seine Gedanken über das Geld gemacht hat, Aristoteles.[5] Sodann: Damit, dass *alle*, die sich mit Erwerb befassen, ihr Geld schrankenlos zu vermehren trachten, ist Aristoteles sicher zu weit gegangen. Subjektive, historische, kulturelle, situative Umstände fehlen noch. Inzwischen, ungefähr seit 1700, ist die Bedingung *entwickelter* Geld-, Konkurrenz- und Kapitalwirtschaft hinzugekommen, die erst, mit den angedeuteten Einschränkungen, die Nötigung verallgemeinert, aus Geld mehr Geld zu machen; eine Nötigung, die nun, unter den Bedingungen des Finanzkapitalismus, eine nie dagewesene Dominanz erlangt – Nährboden für Gier, die ihrerseits eine solche Wirtschaft nährt.

Nehmen wir, um des Arguments willen, aber auch, weil sie sich recht realistisch ausnimmt, diese

Beschreibung eines Insiders: „The all-powerful urge to make money permeats every action and every shouted instruction and is only matched by the fear of losing vast amounts of cash from an ill-thought-out decision".[6] Dass dies keine Beschreibung „des" Menschen, auch nicht die einer Hauptversammlung des Schrebergärtnervereins Rote Rübe e. V., nicht die einer Fakultätsratssitzung meiner Universität und auch nicht die eines Strategie-Workshops bei Volkswagen ist, sieht man ja sogleich. Wo geht es so zu? Laut Geraint Anderson, dem Insider, der darüber in literarischer Form berichtet hat, in der Londoner City „on a major investment bank's trading floor on a Monday morning just before the market opens".[7] Ist das nun also der Sündenpfuhl, in dem sich besonders finstere, besonders gierige Gestalten suhlen und das lodernde Feuer ihrer Geldgier alles andere verzehrt? Nüchterne Beobachtung legt vielmehr nahe, dass es sich um „ganz normale Menschen" handelt, die allerdings unter nicht ganz so normalen Umständen agieren können/ müssen und dabei, mit einem Terminus des Soziologen Randall Collins,[8] nicht einfach nur, vielleicht nicht einmal in erster Linie und jedenfalls mit der Zeit kaum noch, nach mehr Geld, sondern nach emotionaler Energie streben und sie aus der Interaktion mit ihren Bezugsgruppen zu ziehen trachten. Kollektive Symbole – religiöse, heilige Objekte, Flaggen, Slogans, Zeichen der Zughörigkeit (wie etwa Kleidung) und der Anerkennung, Freundschaftsembleme, demonstrativer Konsum – spielen für die emotionale Aufladung von Interaktionen eine wichtige Rolle. Collins zögert nicht, Geld als ein wichtiges kollektives Symbol für Leute aufzufassen, die viel mit Geld zu tun haben, etwa mit Finanzgeschäften – als ein kollektives Symbol mit hoher emotionaler Aufladung. Dann wird Geld und das *making money* nicht nur, womöglich nicht einmal so sehr aus Geldgier, nicht so sehr wegen seines ökonomischen Werts, sondern wegen dieser emotionalen Aufladung in den und durch die Finanztransaktionen so sehr geschätzt (das erst erklärt, warum diese Wertschätzung nicht in dem Maße sinkt, wie der Nutzen von „noch mehr Geld" abnimmt). Die Gier, sagen wir vorläufig lieber: das Begehren, gilt nicht so sehr dem Geld als vielmehr einer emotionalen Energie, die sich aus vielen Quellen, aber immer aus der Interaktion speist, nicht zuletzt aus so etwas wie, *horribile dictu*, Gruppensolidarität, dieses Mal nicht unter den Proletariern aller Länder, sondern unter den Investmentbankern, Analysten, Händlern *e tutti quanti* in der Londoner City. Organisationen nun sind der ganz prominente Ort einschlägiger Gruppen und Interaktionen, sie sind *die* Generatoren kollektiver Symbole mit hoher emotionaler Aufladung – Geld, Anerkennung, Status, Prestige –, und sie bieten ein gegen Einblicke und Einwände von außen gut geschütztes Biotop, in dem eine resultierende Professions- und Organisationskultur gedeihen kann, im Falle der Finanzgeschäftsleute: eine um Geld als kollektives Symbol kreisende Professions- und Organisationskultur. Dann aber folgt: Nicht der Charakter *des* Menschen, auch nicht ein bestimmter Personenkreis sollte im Zentrum der Kritik stehen, sondern die systemischen und strukturellen, nicht zuletzt: die organisatorischen Bedingungen, die dem Gedeihen einer solchen Kultur und ihrer Abschottung günstig sind. Ein Aspekt ist: Gelegenheit macht Diebe, und systemische Gelegenheiten machen systemischen „Diebstahl". Systeme machen gierig, Gier wird systemisch. Sie treibt dann das System, dessen Kind sie ist.

Das sei nun im 2. und 3. Abschnitt noch etwas näher ausbuchstabiert: wie man sich die Entstehung von Handlungsorientierungen in der und durch (Systeme der) Interaktion zu denken hat. Ein Beispiel dafür ist: Nachahmung.

2. Mimesis des Begehrens

Wenn wir moralisch im Zweifel sind; wenn wir nicht recht wissen, was das Rechte ist; wenn wir uns fragen, ob wir einer Versuchung nachgeben sollen und dürfen; aber auch, wenn wir von Zweifeln gar nicht angekränkelt sind, also *bevor* wir uns überhaupt zu fragen begonnen haben, ob ein Handeln zu rechtfertigen sei, wir vielmehr im Modus einer Selbstverständlichkeit zur Tat schreiten, orientieren wir uns in einem weit unterschätzten Maße in mimetischer Einstellung an den anderen.[9] Oft genug übernehmen wir deren Selbstverständlichkeiten ohne weitere Prüfung. Gruppendruck spielt dabei eine wichtige Rolle, aber es geht oft gar nicht um Druck, sondern um schiere Orientierung. „Wenn die anderen ‚es' machen, wird es wohl in Ordnung sein."

Mimesis genießt keinen guten Ruf, ist aber respektabler als man zunächst denken könnte. Oft ist es vernünftig zu tun, was die anderen tun. Man denke nur an „herd behavior" an Börsen, das ja bis zu einem gewissen Punkt ganz rational ist.[10] Der französische Literaturwissenschaftler und Kulturanthropologe René Girard[11] ist sogar überzeugt, dass wir Menschen ohne Mimesis nicht wissen und nicht wissen können, was wir wünschen (sollen) und es uns erst *via* Nachahmung von Vorbildern zueigen machen. Erst recht lernen wir erst von den anderen, welche unserer Wünsche sich auf Verpöntes richten. Wir lernen (auch) via Mimesis, was wir dürfen und nicht dürfen, was wir sollen und nicht sollen. Mimesis ist ein Vehikel des Erwerbs, der Stabilisierung oder auch des Verlustes an moralischer Orientierung und Kompetenz.

Das alles gilt nun zumal für unser Handeln in Organisationen, wo die Vorbilder sozusagen immer schon da und mit der Autorität der Organisation und organisationaler Hierarchien ausgestattet sind. Wenn alle Regelbefolgung – man denke nur an professionelle und moralische Standards der Kreditvergabe – in Frage steht, dann suchen wir die Antwort auf diese Frage gern mit Seitenblick auf die anderen. Wir tun, was die anderen tun. Dass die anderen es tun, nehmen wir als *Zeichen* der Legitimität. Das gilt für organisationale wie für gesetzliche, für formelle wie für informelle und auch für moralische

Normen. Und es legt die Denkfigur einer selbstverstärkenden Drift nahe, in der eine organisationale Moral und auch die individuelle Moral der Organisationsmitglieder bestärkt, stabilisiert, modifiziert oder auch unterminiert und abgeschliffen werden können. Dies alles wird noch dadurch forciert, dass Organisationen Girards mimetisches Begehren *erst fördern* und *dann nutzen*. Sie locken mit Entgelt-, Status- und Karrierechancen, besonders: -differenzen, als Leistungsanreize. Und sie lenken die Wasser einer egalitären Moral und die Wasser mimetischen Begehrens, die starken Ströme des Vergleichens, auf ihre Mühlen. Es resultiert bei niedriger Dosierung Wetteifer, bei höherer Neid, Gier, Missgunst, Geiz und maßloser Ehrgeiz, Ellenbogenmentalität, die Arglist des opportunistischen Akteurs der neuen Institutionenökonomik, alles Kinder egalitärer Moral und mimetischer Orientierung. Und das ist erst die Hälfte der Geschichte. Mit dem gleichen Recht können wir hinzufügen: Es sind, jedenfalls auch, die Organisationen, die, um im Bilde zu bleiben, die Reservoirs der mimetischen Begehren erst leeren, um sie dann aufzufüllen. Sie machen uns scharf auf jene Anreize, die *sie* zu bieten haben und die sie dann so „hinhängen“, dass wir dafür letzten Einsatz zeigen. Auch darin macht sich eine Zirkularität geltend, die Rekursivität organisationaler Selbstreferenz: Organisationen sind an der Generation der Empfänglichkeit für ihre eigenen Anreize beteiligt; Anreize, die sie, weitere Zirkularität und selbstreferentielle Geschlossenheit, aus jenen Beiträgen ihrer Mitglieder schöpfen, zu denen diese durch die Anreize angereizt werden. Organisationsmitglieder lernen, eben das zu begehren, was Organisationen an Anreizen im Angebot haben, und die Verführungskraft der Anreize hat es allemal an sich, die Moral zu unterminieren.

Organisationen sind dabei zugleich (1.) Moralverdrängungs„maschinen" (sie exkommunizieren den „moral point of view"), (2.) Legitimationsfabriken und (3.) Exkulpationslieferanten, insofern nämlich, als sie Rechtfertigungen bereitstellen und Konformität und Mimesis – Gleichschritt, buchstäblich oder metaphorisch – erfordern, verlangen, fördern, belohnen und mit Vorbildern ausstatten. Sie organisieren mimetische Orientierung und daher auch, intendiert oder nicht, Mimesis als Ersatz für Verantwortlichkeit.

3. Begehren als Effekt

Wenn die Denkfigur lautet: A ahmt in seinem Begehren den B nach, der B aber den A, und ohne diese mimetische Basis wüssten beide nichts über ihre Wünsche und hätten sie nichts zu begehren, dann scheint das in einem Zirkel wechselseitigen Voraussetzens leerzulaufen. Es bleibt zunächst rätselhaft, wie die Dinge in Gang kommen können, wenn das Begehren in nichts als Mimesis gründet. (Selbstverständlich findet jeder von uns immer schon andere vor, die er nachahmen kann, und so mag sich das Rad der Nachahmung im Lauf der Zeit problemlos drehen. *Konstitutionslogisch* aber bleibt die Frage, wie davon der Anfang – der Ursprung – zu denken ist.)[12]

Wem Girards These daher spanisch vorkommt, der denke nur an VW und BMW und an Rolls Royce, 1998 Objekt des Begehrens beider deutschen Unternehmen, und womöglich Objekt des Begehrens von VW nur, weil (oder jedenfalls umso mehr, als) es das Objekt des Begehrens von BMW wurde, oder weil man das bei VW jedenfalls glaubte oder erwartete. Man denke überhaupt an die Merger-Mania um die Jahrtausendwende, die Fusionswelle unter den großen Konzernen, die wohl kaum aus organisatorischen, Rationalisierungs- und Synergieeffekten ernstlich zu begründen ist, auch wenn das meist behauptet wird, sondern die dadurch motiviert ist, heute eine Größe und Stärke zu erringen, die das Überleben morgen sichern, ein Motiv, das zur eigenen treibenden Kraft nur wird, wenn und weil es zur treibenden Kraft der anderen wird oder werden könnte oder vermeintlich werden könnte. Ich begehre, *weil* andere begehren. Das ist der Sinn des Satzes: „Es gibt kein Objekt“[13] – kein Objekt am Anfang, wirksam als *der* Beweggrund, wenn und sofern das Begehren, wenn die Aneignung, wenn Konflikt und Wettbewerb eine mimetische Struktur aufweisen.

Nun lässt sich gewiss nicht die ganze Welt auf Mimesis reduzieren. Dass sie aber gerade in der Welt der Finanztransaktionen eine überragende Rolle spielt, hängt nicht zuletzt mit der Qualitäts- und immanenten Schrankenlosigkeit des Geldmediums zusammen. Wie es in *Faust II* heißt: „Durch Tausendkünstler schnell vertausendfacht“. Mehr als alle anderen Objekte erlaubt und erfordert diese Qualitätslosigkeit Selbstreferenz und selbstreferentielle – rekursive – Konstitution der Objekte/Prozesse des Begehrens und der professionellen und moralischen Verhaltensstandards. Um so viel mehr begehrt dann der eine Immobilienmakler, Broker, Händler, Banker eben, was der andere – tatsächlich oder vermeintlich – begehrt, und zwar, *weil* der es begehrt, und der eine glaubt tun zu dürfen, was der andere tut, und zwar, *weil* der andere es tut. Geld als Symbol: „In diesem Zeichen wird nun jeder selig" – und so mancher gierig.

4. Begehren des Begehrens

Wenn ein Bedürfnis befriedigt ist, dann ist es *gestillt*. Es hört (zumindest für eine Weile) auf, Bedürfnis zu sein. Gesättigt zu sein ist daher, wie man weiß, ein ambivalenter Zustand, einerseits Ziel des Bedürfnisses, andererseits sein Tod. Wir begehren aber nicht – jedenfalls nicht „in letzter Konsequenz" – den resultierenden Zustand der Bedürfnislosigkeit, sondern den Weg dahin. Wir begehren Befriedigung als Prozess, nicht als dessen Resultat. Wie Oscar Wilde daher bemerkte: „A cigarette is the perfect type of a perfect pleasure. It is exquisite, and it leaves one unsatisfied."

Daran sieht man: Wir begehren nicht nur bestimmte Objekte respektive die Befriedigungsprozesse, die sie uns erlauben, sondern auch das Begehren. Ohne jedwedes Begehren wären wir „wunschlos unglücklich". Und überall, wo die Objekte der Begierde jene Maßlosigkeit zulassen, die im Begehren des Begehrens angelegt ist, ist *eine* Bedingung der Möglichkeit für – maß- und rücksichtslose – Gier gegeben. Geld, wegen seiner eigenen, ihm inhärenten Maßlosigkeit, erfüllt wie kein anderes Objekt diese Bedingung. Es ist, mehr noch, „der schlaflose Wunschtraum", *das* allgemeine Medium für *jedwede* Wunscherfüllung und Symbol des Wunsches zu begehren – und des Wunsches, begehrt zu werden. Es ist daher wie kein anderes Objekt prädestiniertes Medium des Begehrens des Begehrens.

Das aber ist, versteht sich, nur *eine* Bedingung der Möglichkeit der Gier. Andere Bedingungen kommen hinzu, und die beiden wichtigsten heute sind die selbstverstärkende Entwicklung der Geld- und Finanzwirtschaft und die Selbstverstärkung durch Organisation(en), einschließlich organisierter Produktion moralischer und rechtlicher Akzeptanz. Ohne letztere stößt Gier in ihrer Rücksichtslosigkeit auf Hindernisse in der Interaktion mit anderen. Das ist die Stelle, an der – unter anderem – Mimesis ins Spiel kommt, mit ihren im Guten oder auch im Schlechten selbstverstärkenden Mechanismen. Deren Effekte – man denke an eine Baisse, an das Platzen einer Spekulationsblase oder eben die Finanzkrise – pflegen wir systemisch zu nennen, weil nicht auf sie die Intentionen der Akteure gerichtet sind, auch nicht jene Intentionen, die wir unter dem Namen „Gier" zu kritisieren pflegen. Diese Intentionen indes verdienen selbst den Titel „systemisch", weil und insofern als sie durch Interaktionssysteme wie die Finanzwirtschaft hervorgebracht werden. Ein möglicher Effekt ist die selbstverstärkende Erosion moralischer Standards. Es ist dies ein systemisches Risiko.

Anmerkungen

1 A. Smith: Theorie der ethischen Gefühle. Nach der Auflage letzter Hand übersetzt und herausgegeben von W. Eckstein, Hamburg 1985.

2 Manche der folgenden Passagen des 1. und 2. Abschnitts sind, leicht überarbeitet, entnommen aus G. Ortmann: Organisation und Moral. Die dunkle Seite, Weilerswist 2010, S. 93-95 und S. 170-173. Ich danke dem Velbrück Verlag für die freundliche Genehmigung.

3 C. Lüthgens; S. Schulz-Hardt; D. Frey: Betrunkene Seiltänzer, in: *Die Zeit* Nr. 40, 30.9.1994, S. 33.

4 B. M. Staw: Knee-Deep in the Big Muddy. A Study of Escalating Commitment to a Chosen Course of Action, in: *Organizational Behavior and Human Performance* 16 (1) 1976, S. 27-44.
5 Aristoteles: Politik, übers. von E. Rolfes, 4. Auflage, Hamburg 1981, S. 20.
6 G. Anderson: Cityboy. Beer and Loathing in the Square Mile, London 2008, S. 5.
7 Ebd.
8 Z.B. R. Collins: Emotional Energy as the Common Denominator of Rational Action, in: *Rationality and Society* 5 (2) 1993, S. 203-230; vgl. auch G. Ortmann: Management in der Hypermoderne. Kontingenz und Entscheidung, Wiesbaden 2009, S. 185 ff.
9 G. Ortmann: Regel und Ausnahme. Paradoxien sozialer Ordnung, Frankfurt am Main 2003, 132 ff.
10 R. J. Shiller: Irrationaler Überschwang. Warum eine lange Baisse an der Börse unvermeidlich ist, Frankfurt am Main/ New York 2000, S. 147f.
11 Z.B.: Ausstoßung und Verfolgung. Eine historische Theorie des Sündenbocks, Frankfurt am Main 1992.
12 Die folgende Passage ist entnommen aus Ortmann, Regel, a.a.O., S. 263f.
13 R. Girard: Des choses cachées depuis la fondation du monde, Paris 1978.

Teil II

Anstand!

Anstand mit Kant?

Dieter Thomä

Als anständig gilt, wer sich gut benimmt und bei anderen Menschen einen guten Stand hat. Man pflegt beim Anstand nicht nur eine innere Gesinnung, es geht vielmehr um ein Tun, bei dem man unter Beobachtung steht. Diese Außenorientierung des Anstands hat den Vorzug, dass man auf diese Weise nie allein das individuelle Handeln, sondern immer auch dessen Kontext im Blick hat. Man gerät allerdings schnell ins Schwimmen bei der Frage, welche äußeren Vorgaben ein Anständiger genau zu befolgen hat.

Wenn man etwa im kleinen Kreis herumfragt, was wohl mit einem ‚anständigen Deutschen' gemeint sein könnte, muss man damit rechnen, die verschiedensten Antworten zu ernten. Uneinigkeit besteht – um ein anderes Beispiel zu nehmen –

auch in der Frage, was unter einem ‚anständigen Mädchen' zu verstehen ist. Ziemlich ruiniert ist die Institution des ‚Anstands-Wauwaus', und manche werden es vorziehen, unanständig zu sein – nach dem Motto ‚Was verboten ist, macht uns gerade scharf'. Solche politischen und privaten Divergenzen treten beim Anstand deshalb auf, weil bei ihm das Verhältnis zwischen Außenansicht und Innenleben eine Schlagseite bekommt: Reguliert wird über den Anstand das äußere Auftreten eines Menschen, und es ist eine offene Frage, wieweit hinter diesem Erscheinungsbild ein höherer Sinn oder eine tiefere Überzeugung steckt. Der Frage nach dem Verhältnis zwischen Anstand und Moral hat sich einer der Größten der philosophischen Zunft angenommen: Immanuel Kant.

Kritik des Anstands

In jüngster Zeit ist von einer Renaissance des Anstands, von einer Rückkehr der Werte oder auch vom neuen Charme der Bürgerlichkeit die Rede. Kants Philosophie bietet sich als idealer Schauplatz dar, um Pro und Contra des Anstands genauer zu erkunden – und zwar deshalb, weil er seine Analysen über Jahrzehnte hinweg weiterentwickelt und dabei erhebliche Änderungen vornimmt. Im Lauf der Zeit verwandelt er sich von einem Kritiker zu einem Verteidiger des Anstands. Indem ich auf Kant zurückgehe, verfolge ich vor allem das Ziel, all denen das Leben schwer zu machen, die den Anstand mit schlechten Gründen verteidigen – oder aber mit schlechten Gründen verwerfen.

Was Kant zur Sache zu sagen hat, ergibt sich nicht aus seinen moralphilosophischen Hauptschriften – es geht hier nicht um den kategorischen Imperativ oder die Pflichtethik –, sondern in erster Linie aus seinen moralphilosophischen Vorlesungen, die er über Jahrzehnte hinweg gehalten hat. Da nicht nur der Teufel, sondern in diesem Fall der Anstand (resp. dessen Deutung) im Detail steckt, möchte ich mir einen Weg durch die Nachschriften bahnen, die von diesen Vorlesungen überliefert sind. Deren erste wurde von Johann Gottfried Herder, Kants bedeutendstem abtrünnigen Schüler, angefertigt. Er hörte in den 1760er Jahren „Praktische Philosophie“ bei dem damals noch recht unbekannten, immerhin schon fast vierzigjährigen Privatdozenten in der Königsberger Provinz und erlebte Kant als einen Kritiker des Anstands.

In Herders Notizen (die ich im Folgenden in der originalen Schreibweise zitiere) findet sich der lakonische Satz: „*Anständigkeit* ist der optische Schein der Tugend". Als bloße Schicklichkeit begnügt sich der Anstand demnach mit der äußeren Fassade, seine Herolde sind nach Kants drastischem Urteil „Betrüger, Heuchler, die häßlich sind". Was ich eingangs als Differenz zwischen Außenansicht und Innenleben beschrieben habe, versteht Kant hier radikal als Differenz von Schein und Sein: Wer anständig ist, hält sich an irgendwelche Sitten, an äußere Anmutungen und Erwartungen, er agiert nicht autonom, sondern konformistisch, und es bleibt unklar, inwieweit er die Sitten, denen er folgt, als eigene An- und Absichten mitträgt und rechtfertigt. Im Zuge dieses Konformismus läuft die „wahre Moralität" nach Kant Gefahr, „vergessen" zu werden.

In dieser frühen Vorlesung gibt Kant dem Unterschied zwischen Anstand und Moral überdies einen geschlechtertheoretischen Dreh. Frauen sind nach Kant „schwach" und „blos leidend", sie spielen in der Gesellschaft keine aktive Rolle, weil sie nicht wie der Mann „wä[h]len", sondern nur „gewählt werden": sie avancieren nicht selbst, sondern müssen die Avancen der Männer erdulden. Mangels eigener Handlungsfähigkeit sind sie nach Kant prädestiniert für ebenjene Abhängigkeit und Äußerlichkeit, die dem Anstand eigen ist. Damit nicht genug: In dem Maße, wie die tendenziell oberflächliche, scheinhafte Außenorientierung in einer Gesellschaft überhand nimmt, kommt es Kant zufolge zu deren moralischem Niedergang, der mit einer Verweiblichung oder „Effeminatio" des Zeitalters einhergeht. Am Ende würden sich demnach auch die Männer verhalten wie „übelgekleidete Weiber". Kant meint Zeuge einer solchen Entwicklung zu sein: „Unser Säkulum ist die Zeit der Anständigkeit[,] das alte war [das] der Rechtschaffenheit".

Dieser Zustand sei, wie Kant meint, „ärger als der Zustand der Brutalität". Ein brutaler oder, wie man vielleicht besser sagen sollte, tierischer Mensch hat nach Kant zwar noch „nie an Tugend gedacht", ihm bietet sich aber gerade deshalb die Chance, sich ihr noch aufrichtig zuzuwenden: „dieselbe Kuhnheit, die lasterhaft ihn machte, kann ihn [...] stark in der Tugend machen". Diese Chance bleibt dem bloß anständigen, verweiblichten Menschen verschlossen. Ein Mensch, der sich mit bloßem Anstand begnügt, ist demnach „blos ein Anhängsel des Scheins; so wenig tugendhaft zu machen, als man auf das Waßer das Siegel druckt. – Der Zustand, da man sich besof war beßer, als unser nuchterne, damit man nur andere betrugt. Jenes Laster war wenigstens männlich." Man mag von diesen geschlechtertheoretischen Überlegungen halten, was man will. Mit Blick auf den Anstand enthalten sie einen gewichtigen Vorwurf: Wer anständig ist, handelt gar nicht wirklich, er bewegt sich in einer Welt ohne Tiefe, einer Welt des Scheins und der oberflächlichen Anpassung.

Verteidigung des Anstands

In einer Vorlesung aus der Mitte der 1770er Jahre, die in der „Nachschrift Kaehler" überliefert ist, kommt Kant auf die Unterscheidung zwischen Moral und Anstand zurück. Zum Anstand werden nun die „Sitten" gezählt, also jene traditionellen Gewohnheiten, die nicht an die Moral oder an die wahre „Tugend" heranreichen; „Zur Tugend gehört [...] ein gewisser Selbstzwang und Herrschafft über sich selbst. Völker können Sitten haben aber keine Tugend zE. Frantzosen". Kants Vorbehalte gegen galante Umgangsformen kennt man vom frühen Feindbild verselbständigten Anstands. Doch seine

Bewertung fällt nun anders aus – und damit beginnt ein Sinneswandel, in deren Verlauf der Kritiker zum Verteidiger des Anstands wird.

In der genannten „Nachschrift Kaehler" wie auch in der späteren „Nachschrift Collins" wird ein breites Spektrum verschiedener „gesellschaftlicher Tugenden" wie „Politesse und Geschliffenheit, Anständigkeit, Gefälligkeit" diskutiert. Ihnen wird nun der „Nutzen" zugeschrieben, dass sie den Menschen „für die bewegende Kraft der Tugend fähig" machen. Kant gibt seiner Beschreibung des Anstands einen neuen Akzent. Sein Haupteinwand in früheren Jahren bestand darin, dass man sich mittels des Anstands von seinem Innenleben entfernt, blind äußeren Regeln gehorcht, also gewissermaßen zu einer Marionette wird. Nun hält er den Anstand als Vorbereitung für das wahrhaft moralische Leben für unverzichtbar – und zwar deshalb, weil er eine Gemeinsamkeit zwischen Anstand und Moralität entdeckt. Gemeinsam haben sie nämlich, dass hier wie dort Regeln befolgt werden: „Jede Freundlichkeit, Höflichkeit, Geschliffenheit, Artigkeit ist schon immer die Tugend selbst, aber nur im Kleinen ausgeübt." Wer anständig lebt, übt sich in der Beachtung von „Grundsätzen". Was die

Moral dann nur noch leisten muss, ist eine Überprüfung dieser Grundsätze und deren Verinnerlichung in praktischen Vorsätzen.

Kants späte Wertschätzung des Anstands tritt in einer Vorlesung von 1793/94, die in der „Nachschrift Vigilantius" überliefert ist, vollends heraus. Dem alten Gegensatz zwischen Schein und Sein wird die Spitze genommen: „Die Ehrwürdigkeit der Tugend durch beständige Cultur unserer Sitten beliebt zu machen, ist Pflicht, und darauf beruht die äußere Erscheinung der Gesetzmäßigkeit unserer Handlungen oder die Wohlanständigkeit in unserem Betragen gegen andere, das decorum. [...] Es kommt auf Beobachtung des decori und dessen Erwerb um so mehr an, als die Principien des Geschmacks mit den Principien der Tugend so genau verwandt sind, daß sie sich gleichsam in einander verweben, und daß daher, so lange in einem Subject Roheit vorhanden ist, weder Geschmack, noch Tugend vorhanden seyn wird."

Der Durchgang durch die verschiedenen Vorlesungen zeigt, dass Kant in seinem Urteil über Anstand und Moral von einem Verhältnis der Opposition zu einem Verhältnis der Hierarchie übergeht. In seinen frühen zornigen Voten gegen die Galanterie, gegen den gesellschaftlichen Konformismus meinte er, mittels der Moral die undurchschauten, bloß konventionalen Regeln einer unaufgeklärten Gesellschaft durchbrechen zu müssen. Später ist er dankbar dafür, von der Geregeltheit des Lebens ausgehen zu können, und legt nur Wert darauf, sie vernünftig zu begründen. Man kann die Systematik, die Kants Entwicklung zugrunde liegt, auch anhand des Begriffspaars von Handlung und Gesetz erläutern. In Kants früher Kritik liegt der Schwerpunkt auf dem Handlungsbegriff. Demnach zerstört der Anstand die sich im Handeln entfaltende Freiheit. Später erscheint der Anstand als Vorschule der Moral, in der man die Gesetzmäßigkeit des Lebens lernt. Der Sturm und Drang ist vorbei, der Einfluss Rousseaus hat nachgelassen.

In Kants Spätschrift „Anthropologie in pragmatischer Hinsicht" findet sich gar eine raffinierte Verteidigung der vom Anstand etablierten Scheinwelt. Demnach ist der Schein unverdächtig und unschädlich, wenn er als solcher deklariert wird: „Die Menschen sind insgesamt, je zivilisierter, desto mehr Schauspieler [...], und es ist auch sehr gut, daß es so in der Welt zugeht. [...]. Überhaupt ist alles, was man *Wohlanständigkeit* (decorum) nennt, von derselben Art, nämlich nichts als *schöner Schein.* [...] Die *Verbeugungen* (Komplimente) und die ganze *höfische* Galanterie, samt den heißesten Freundschaftsversicherungen mit Worten, sind zwar nicht eben immer *Wahrheit* [...], aber sie *betrügen* darum doch auch nicht, weil ein jeder weiß, wofür er sie nehmen soll". Wer offen bekennt, auf der Ebene des Scheins zu operieren, darf für sich in Anspruch nehmen, ehrlich zu sein. Er ist wahrhaftig in seiner Scheinhaftigkeit. Wer anständig ist, tut so, als ob er moralisch wäre, und wird es damit am Ende selbst. In einer Vorlesungsnachschrift der Anthropologie-Vorlesung 1781/82 heißt es: „Wer den Schein des Guten liebt, der gewinnt zuletzt das Gute wirklich lieb."

Kant unternimmt noch einen weiteren Anlauf zur Verteidigung des Anstands, indem er sich in einen ganz anderen Bereich hineinbewegt: Er zieht nämlich einen Vergleich zwischen Moral und Ökonomie. „Alle menschliche Tugend im Verkehr" – also jene Tugend, bei der es mehr um Geselligkeit als um Gesinnung geht – ist, wie Kant sagt, „Scheidemünze; ein Kind ist der, welcher sie für echtes Gold nimmt." (Als Scheidemünzen werden – dies nur zur Erläuterung – jene Geldstücke bezeichnet, deren Materialwert unter ihrem Tauschwert liegt, für deren Wert also die sie ausgebende Bank einzustehen hat). Kant vergleicht den Anstand mit einer Währung zweiter Güte, deren Wert nicht an Gold heranreicht, fährt dann aber fort: „Es ist doch aber besser, Scheidemünzen, als gar kein solches Mittel im Umlauf zu haben, und endlich kann es doch, wenn gleich mit ansehnlichem Verlust, in bares Gold umgesetzt werden."

Nimmt man Kants Vergleich beim Wort, so heißt dies, dass er in der Moral – wie im Gold – ein knappes Gut sieht. Man ist auf Substitute angewiesen – und den Anstand empfiehlt Kant als ein solches Substitut, das sich zur Moral verhalten soll wie das Geld zum Gold. Die Scheidemünzen „für lauter *Spielmarken*, die gar keinen Wert haben, auszugeben", ist nach Kant ein „an der Menschheit verübter Hochverrat" – ein an Schärfe kaum überbietbarer Vorwurf. Wer die Oberflächlichkeit des Lebens, die künstliche Höflichkeit kritisiert, macht sich demnach nicht etwa verdient um das wahre Menschsein; er verübt vielmehr eines der übelsten aller Verbrechen. Der Betrugsvorwurf, den Kant in der Frühzeit gegen den Schein der Konventionen erhoben hatte, wird durch den Hochverratsvorwurf gekontert und überboten – und zwar mit dem Argument, dass damit indirekt das wahre, echte, moralische Menschsein schweren Schaden leide.

Was aber hat es mit dem Vergleich zwischen Anstand und Geld auf sich? Wenn der Anstand einer „Scheidemünze" gleicht, hängt sein Wert von einer anderen Instanz ab, die ihn garantiert. Das Wissen um die Unsicherheit dieser Garantie stand Kant noch wesentlich lebhafter vor Augen als den Menschen heutzutage, die in ihren Portemonnaies sowieso nichts anderes haben als „Scheidemünzen" oder Papiergeld, dessen Materialwert gleich Null ist. In dem Geld, das wir heute in großen Summen ohne allzu große Verlustangst akzeptieren, gipfelt gewissermaßen die Scheidemünze, von der Kant spricht, und tatsächlich zieht er selbst schon den Vergleich zum Papiergeld als einem „bloße[n] gestempelten Papier[,] das gar keinen innern Gehalt hat". So haben auch die großen Philosophen des Geldes im 19. und 20. Jahrhundert das Geld als Symbol einer „verkehrten Welt" (Karl Marx) oder als etwas „Unwirkliches" (Georg Simmel) beschrieben.

Angesichts dieser Ausgangslage könnte man zu dem provokativen Schluss gelangen, dass der ökonomischen Entwicklung, die vom Gold zum Papier- und Buchgeld geführt hat, eine Entwicklung korrespondiere, die von der Moral (dem Pendant des Goldes) zum Anstand (dem Pendant des Papiergeldes) führe. Anders ausgedrückt: Die äußerliche (verdachtsweise scheinhafte, oberflächliche) Organisation des Leben gewinnt an Bedeutung, deren Fundierung in moralischen Werten verflüchtigt sich. Diese These wird prominent vertreten in Max Webers Studie *Die protestantische Ethik und der „Geist" des Kapitalismus*. Dort heißt es, dass an die Stelle der „Ethik" eine „Lebenstechnik" getreten sei und der Mensch sich in einem „stahlharte[n] Gehäuse" befinde, aus dem der „Geist [...] entwichen" sei. Übertragen auf die Diskussion des Anstands hieße dies, dass sich der Schein verselbständigt hätte – also genau jene vom späten Kant gesuchte und gestärkte Verbindung zerrissen wäre, wonach der Schein des Anstands als Vor-Schein der Moral reüssieren soll.

Es gehört zu den Ironien der Geschichte, dass im Vorfeld der jüngsten Finanzkrise gerade jene Anlageformen die Fantasie der Anleger besonders beflügelt haben, deren Wert indirekt an Immobilien gebunden war. Hier wurde der Eindruck erweckt, dass ‚Papiere' an reale ‚Sachen', nämlich – wie es im Englischen bezeichnenderweise heißt – an *real estate*, gekoppelt waren. Um die Stabilität dieses vermeintlich ‚Realen' war es bekanntlich nicht gut bestellt. Es mag für das Echte keinen Ersatz geben, aber das Echte ist schwer zu finden.

Leben wir also in einem Zeitalter der Simulation? Gegen diese Annahme stehen Befunde sowohl aus der Ökonomie wie auch aus der Moral. Die Ökonomie stellt sich bekanntlich seit langem, nicht erst seit dem Ende des Goldstandards, der Frage nach den Sicherheiten, mit denen die Ausgabe von Geldmitteln bewehrt ist; (nicht nur) jede Theorie der Inflation kreist um diese Frage. Und im Feld der Moral wird Webers Vision einer bürokratischen Ordnung, in der die Autonomie durch Automatismen ersetzt ist, durch eine Geschichte heftiger moralischer Kontroversen konterkariert, die bis heute anhält.

Entsprechend gehört auch Kants Vergleich zwischen Moral und Ökonomie nicht zum alten Eisen. Sinn und Zweck desselben liegen auf der Hand. Wie Kant das Geld auf das Gold als etwas, das einen echten (Material-)Wert hat, zurückführen will, so will er den Anstand an die Moral binden, die für echte Werte stehen soll. Die Scheinhaftigkeit des Geldscheins wie des Anstands wird nur dann anstößig, wenn der Bezug auf jene Sicherheit gekappt wird. Da freilich auch der Kurs des Goldes volatil ist, das bei Kant als Pendant zur echten Moral fungiert, kommt ein ketzerischer Verdacht auf: dass nämlich auch die Moral ins Schwanken kommen könnte.

Kant würde dies weit von sich weisen, doch immerhin ist ihm die Tatsache vertraut, dass das Interesse oder die Nachfrage nach der Moral schwanken kann. Kant – und nicht nur ihn – treibt das Problem der moralischen Motivation um. Um das Szenario ‚Stell dir vor, es gibt Moral, und keiner macht mit' zu vermeiden, sucht er händeringend nach Mechanismen, die die Gesetzestreue fördern, und so will er die moralische Unbeständigkeit der Menschen eben mit der Anständigkeit bekämpfen. In einer seiner Vorlesungen zur Moralphilosophie heißt es dazu: „Die Herrschaft über uns selbst ist auch daher schwer, weil das moralische Gesetz zwar Vorschriften, aber keine Triebfedern hat; es fehlt ihm die exekutive Gewalt, und diese ist das moralische Gefühl. [...] Wer sich moralisch disziplinieren will, muß sehr auf sich acht haben, von seiner Handlung oft vor dem innerlichen Richter Rechenschaft ablegen, da dann durch lange Übungen dem moralischen Bewegungsgrunde Stärke gegeben wird". Was Kant hier sagt, läßt sich auf eine kurze Formel bringen: Die Exekutive kann nicht mit der Legislative mithalten. Oder anders gesagt: Das moralische Gesetz ist stark, ja geradezu übermächtig; derjenige, der es befolgen soll, ist im Vergleich hierzu ein Schwächling. Da Kant dem „moralischen Gefühl", mit dem er die Exekutive, also den moralisch Handelnden, stützen will, nicht recht traut, bietet er den Anstand als Hilfskraft auf, die zur Stärkung der Exekutive dienen soll. Um das regelmäßige, gesetzmäßige Handeln des Menschen zu befördern, muss der Anstand aber nicht nur als Hilfskraft, sondern auch als Hilfsbremser fungieren: Er soll jene Gefühle bremsen, die nicht der Moral zugewandt sind, sondern sich in der Sinnlichkeit verlieren.

Ambivalenz des Anstands

Was ist vom Anstand zu halten? Mein Resümee fällt durchwachsen aus. Damit die Zuarbeit, die der Anstand für die Moral leisten soll, funktionieren kann, muss es so etwas geben wie eine *Homologie*, eine innere Verwandtschaft oder Ähnlichkeit zwischen dem Anstand und der Moral. Eine solche Homologie wird von Kant – wie gesehen – vor allem an der Gesetzmäßigkeit oder Beständigkeit des vom Anstand geforderten Verhaltens festgemacht. Doch unter den Verhaltensmustern, die gemäß dieser Homologie als anständig zu gelten hätten, hat es immer wieder solche gegeben, die moralisch ganz unerträglich waren – und hierbei handelte es sich nicht nur um obskure Randerscheinungen. Es gab Zeiten, in denen derjenige als unanständig galt, der ohne Hut über die Straße ging, und derjenige als anständig, der seine Kinder regelmäßig mit Prügelstrafen disziplinierte. Es gab Zeiten, in denen derjenige als unanständig galt, der mit Juden verkehrte. Es gab Zeiten, in denen Homosexualität als unanständig galt; diese Zeiten gehören nicht überall der Vergangenheit an. Wer als *whistleblower* agiert, war und ist von manchen Seiten dem Vorwurf ausgesetzt, gegen einen bestimmten *Comment* zu verstoßen, sich also nicht so zu verhalten, wie („comment") es sich für einen anständigen Mitarbeiter gehört. Will man den Anstand als Hilfskraft für die Moral einspannen, hat man mit solchen Phänomenen seine liebe Not. Hinter der Fassade lauert die Fratze. Es empfiehlt sich, Kants frühe Kritik am Anstand – ungeachtet dessen später Verteidigung – nicht zu vergessen. Der späte Kant verharmlost, wie mir scheint, die Gefahren des Konformismus, den Anpassungsdruck, der Mitspieler unter dem Vorzeichen des Anstands auch zu Verbrechern werden lassen kann.

Viele der eher abstoßenden Formen des Anstands gehen auf das Problem gespaltener Loyalitäten zurück: Man ist nicht nur – wie das große Wort lautet – der ‚Menschheit verpflichtet', sondern auch einer bestimmten Gruppe zugehörig (dem Bürgertum, der Mitarbeiterschaft eines Betriebs, einer Berufsgruppe oder gar einer Rasse) – und damit ist man angehalten, sich an den Kodex, der für diese Gruppe gilt, zu halten. Wie sich dieser Kodex zu moralischen Geboten verhält, ist eine offene Frage. Die schiere Geregeltheit oder Gesetzmäßigkeit eines Verhaltens ist kein Garant dafür, dass beim Anständigen alles mit – moralisch – rechten Dingen zugeht. Vieles von dem, was unter Anstand firmiert, ist gerade darauf angelegt, eine gewisse Unschärfe oder Verschwommenheit zu erzeugen: Von irgendeinem Verhalten heißt es, dass es sich so gehöre. Der Ideologisierung ist Tor und Tür geöffnet.

Diejenigen, die sich um das soziale Miteinander in einer Gesellschaft Sorgen machen, schätzen am Anstand das, was man die Automatisierung von Soziabilität nennen könnte: Demnach hält sich jeder ganz selbstverständlich an Regeln, verhält sich konform, ohne sich darüber den Kopf zu zerbrechen. Der Anstand leistet eine Reduktion von Komplexität. Wenn Männer Frauen die Tür aufhalten und ihnen den Vortritt lassen, ist dies nicht nur eine höfliche Geste, sondern es hilft auch, Situationen zu vermeiden, in denen jeweils neu auszuhandeln wäre, wer wann durch die Tür geht. Der Stau an Drehtüren öffentlicher Gebäude, der sich dabei ergäbe, wäre beträchtlich.

Der Anstand hat aber nicht nur mit Konventionen zu tun, die den reibungslosen Ablauf des Zusammenlebens ermöglichen. Niemand käme z.B. auf die Idee, die Vorfahrtsregel ‚Rechts vor Links' als eine Anstandsregel zu bezeichnen. Daran wird deutlich, dass beim Anstand mehr auf dem Spiel steht als nur die Gesetzmäßigkeit oder Beständigkeit eines geforderten Verhaltens. Er geht weit über die bloße Konvention hinaus. Folgt man dieser Fährte, so stößt man auch auf das, was am Anstand zu verteidigen und hochzuhalten ist. Dieser Vorzug des Anstands deckt sich nicht mit der von Kant besonders geschätzten Gesetzmäßigkeit, findet aber auch bei ihm Widerhall.

Auffällig ist, dass den Beispielen, die Kant für den Anstand heranzieht, schon ein eigener moralischer Gehalt innewohnt: Leutseligkeit, Freimütigkeit, Freundlichkeit, Höflichkeit und Gesprächigkeit – sie alle regulieren nicht nur ein gesetzmäßiges Verhalten, sondern kennzeichnen ein menschenfreundliches Miteinander. Diese Formen des Anstands sind dem Verdacht enthoben, als Deckmantel zu dienen, unter dem die Unmenschlichkeit ihr Unwesen treiben könnte. Der Schwerpunkt liegt hier nicht auf dem Anstand als Hilfskraft für das Moralgesetz, sondern auf der Soziabilität des Menschen.

Die Moralphilosophie nach Kant hat an dessen Moralgesetz ein Problem identifiziert, das sie unter die Überschrift des Formalismus gestellt hat. Demnach weiß man zwar, dass das Gesetz, dem man folgen will, für alle gelten soll, man weiß aber nicht, was es genau besagt. Die Sorge um die inhaltliche Leere des Moralgesetzes rückt nun auch den Rückgriff auf den Anstand in ein neues Licht. Zwar kann man in diesem Rückgriff eine offensive Strategie sehen, mit dem der Mensch durch Disziplinierung für die Moral gefügig gemacht werden soll. Doch man kann darin auch den Ausdruck einer Verlegenheit sehen: In jenen Formen des Anstands, die vom Gefühl der „Menschlichkeit" und vom „Teilnehmen an dem Schicksal anderer Menschen" (Kant) geleitet sind, wird ein moralisches Miteinander ausgelebt, in dem es nicht um allgemeine Gesetze, sondern um persönliche Teilnahme geht.

Dieses Miteinander ist heutzutage fragiler und kostbarer denn je. Zu beobachten ist ein Auseinanderklaffen, ein *disconnect* zwischen einer weitgehend verrechtlichten, gesetzmäßigen, durchaus auch moralisch ambitionierten Gesellschaftsordnung und einem individuellen Handeln, dem es nicht so sehr um die Umsetzung und Bewährung einer gesetzlichen oder moralischen Ordnung zu tun ist als vielmehr um die maximale Ausnutzung von Spielräumen und um die Verteidigung der eigenen Ungebundenheit. Verarmt ist das Zwischenreich, in dem Individuen sich miteinander arrangieren, aufeinander einlassen und aneinander wachsen.

Man sollte beim Umgang mit dem Anstand wählerisch sein, man sollte sich an jene Formen des Anstands halten, die nicht auf steife Regulierung erpicht sind, sondern die Zuwendung, das „Teilnehmen an dem Schicksal anderer Menschen" organisieren. Dann trägt man dazu bei, jenes Zwischenreich zu beleben, mit dem der Zusammenhalt in der modernen Gesellschaft steht und fällt.

Anstand als Maßstab wirtschaftlichen Handelns?

Nils Ole Oermann

Anstand ist ein Terminus, der schnell und mit wachsender Beliebtheit von den wirtschaftlich wie politisch Handelnden im Munde geführt wird, ohne dass dabei stets klar ist, was eigentlich aus deren Sicht der Maßstab ihres Anstandsgefühls ist. Ist Anstand ein so vages wie rein individuelles Gefühl oder eine klar definierbare ethische Maxime oder gar beides? Zur Klärung dieser Frage soll im Folgenden zunächst begrifflich geklärt werden, was das Wort „Anstand" überhaupt bedeutet, um dann zu analysieren, ob und was dieser Begriff für eine wirtschaftsethische Diskussion austragen kann. „Anständig Geld verdienen" – geht das überhaupt? Und was folgt aus der immer wiederkehrenden Debatte um den Anstandsbegriff für unternehmerisches Handeln?

1. Zur Problematik des Anstandsbegriffs

Wer sich allein mit der Etymologie des Anstandsbegriffs beschäftigt, der merkt schnell, worin dessen Attraktivität und gleichzeitig die ihm innewohnende Problematik liegt: Der Begriff lässt sich darum schwer fassen, weil er bereits semantisch auf zwei verschiedenen Ebenen lokalisierbar ist.

Im Lateinischen beschreibt das Wort *decor* einerseits das, was viele im Deutschen mit dem Wort „Anstand" beschreiben würden: Wie bei der „Anstandsdame" hat Anstand oftmals etwas mit Benehmen und dessen Wahrnehmung aus der Perspektive anderer zu tun. Anders als persönliche Sittlichkeit, die sich mit inneren Überzeugungen befasst, wird Anstand zunächst und vor allem von außen taxiert. Genau das bezeichnet das lateinische Äquivalent *decor*, Anstand: Das tun, was sich gehört, was sich ziemt oder schickt. Damit verwandt ist das Substantiv *decus*, was den äußeren Schmuck, die Zierde meint. Die Einschätzung dessen, was sich gehört, geschieht dabei nicht primär in einem fo-

rum internum, d.h. etwa vor den eigenen moralischen Ansprüchen oder dem eigenen Gewissen, sondern sie wird in erster Linie extern, durch andere geprägt und beurteilt. Auf dieser ersten Ebene ist Anstand gerade kein kategorischer „Wert an sich", kein „moralisches Gesetz in mir" oder dergleichen. Darum beurteilt zumindest der frühe Kant den Anstandsbegriff auch durchaus kritisch, wie Dieter Thomä in seinem Beitrag in diesem Sammelband treffend ausführt.

Andererseits gebrauchen viele Menschen den Begriff „Anstand" in ihrem Alltag deckungsgleich mit „ethischer Anspruch" oder „Sittlichkeit". Und hier liegt das Problem: Der Terminus „Sittlichkeit" im Sinne eines fundierten ethischen Maßstabs fußt gerade nicht auf äußeren Einschätzungen oder Moden, sondern auf inneren Überzeugungen.

Albert Schweitzer bringt dieses Moment des Innerlichen, des *forum internum* beim Sittlichkeitsbegriff – und dieser ist für ihn weit mehr als Anstand – bemerkenswert klar auf den Punkt, wenn er schreibt:

„Der Mensch darf niemals aufhören, Mensch zu sein. In aller Tätigkeit darfst du *nie unpersönliche Energie, Ausführungsorgan* irgend einer Sache, *Beauftrag-*

ter der Gesellschaft sein, sondern du mußt dich in allem mit deiner persönlichen Sittlichkeit auseinandersetzen, so unbequem, so verwirrend es für dich ist, und versuchen, in allem, was du tun mußt, nach der Menschlichkeit zu verfahren und die Verantwortung für das Los, das du einem andern Menschen bereitest, zu tragen."[1]

Sittlichkeit versteht Schweitzer hier als etwas Höchstpersönliches, während das Urteil darüber, was einem als anständig oder unanständig gelte, oftmals von unserer Umwelt gefällt wird oder bereits gefällt zu sein scheint. Und nicht nur Philosophen ist der Anstandsbegriff darum suspekt – auch andere Disziplinen begegnen ihm als wissenschaftlich schwer greifbarem Begriff mit Skepsis, wie etwa die Rechtswissenschaften: Auch für Juristen ist „Anstand" nur schwer fassbar und darum nur eingeschränkt justiziabel. So hält Helmut Haberstrumpf in seiner Dissertation zum Anstandsbegriff diesen juristisch für eine

„Leerformel, weil es auf die Auffassung der Gerichte ankommt, auf welche Sachverhalte oder Gegenstände sie Anwendung finden soll."[2]

Und eine dem Anstandsbegriff zugrunde liegende, soziale Norm lasse sich in diesem Zusammenhang lediglich definieren als „kollektiv befolgtes, erwartetes, sanktioniertes und legitimiertes Verhaltensmodell."[3]

Im geltenden Recht erfolgt die Beurteilung dessen, was anständig ist und den guten Sitten als dem „Rechtsgefühl aller billig und gerecht Denkenden"[4] entspricht, regelmäßig von außen, und zwar im Wege eines durch die Rechtsprechung ausgeübten Ermessens. Umgekehrt ist eine Leistung allein aus einer Anstandspflicht oder einem Anstandsgefühl heraus im zivilrechtlichen Sinne eine Leistung ohne Rechtsgrund – *decor*, das also, was sich ziemt oder gehört, aber eben nicht mehr. Daraus allerdings zu folgern, „Anstand" sei eine reine Äußerlichkeit, die allein mit Takt, Sitten oder Benehmen zu tun habe und weniger mit tiefen Überzeugungen, wäre bestenfalls stark verkürzt und hinsichtlich des umfänglichen Alltagsgebrauchs des Anstandsbegriffs sogar grundfalsch, denn viele Menschen sprechen in einem Atemzug von „Anstand, Sitten und Moral", ohne diese zu differenzieren.

Das Problem der fehlenden Differenzierung wird drastisch klar, wenn man sich ein Beispiel vor Augen führt, bei dem der Anstandsbegriff vollständig pervertiert wurde. So betonte Heinrich Himmler in seiner Rede vor Gauleitern in Posen im Oktober 1943:

„Von euch werden die meisten wissen, was es heißt, wenn 100 Leichen beisammen liegen, wenn 500 da liegen oder wenn 1000 da liegen. Dies durchgehalten zu haben, und dabei – abgesehen von Ausnahmen menschlicher Schwächen – *anständig geblieben zu sein*, das hat uns hart gemacht. Dies ist ein niemals geschriebenes und niemals zu schreibendes Ruhmesblatt unserer Geschichte [...].“[5]

In dieser an Perfidität kaum zu überbietenden Verwendung wird die semantische Doppelbödigkeit des Anstandsbegriffs deutlich: Zum einen beschreibt Himmler hier ein äußeres Handeln, nämlich eine Art und Weise des Tötens, wie sie sich für SS-Leute zieme. Nur lässt sich dies selbst in diesem Zitat nicht von der inneren Haltung der Täter hinsichtlich der Beurteilung ihrer Greueltaten trennen. Denn aus Himmlers Sicht bewahrt der idealtypische SS-Mann in seinem Tun äußerlich die Contenance, die Haltung, während er gleichzeitig innerlich die Motivation und die nationalsozialistische Ideologie hinter dem Morden uneingeschränkt teilt. Anstand und Ethos laufen bei Himmlers Verwendung des Anstandsbegriffs untrennbar ineinander. Selbst die

Leichenberge Unschuldiger vermögen nicht die Haltung, den Anstand, die guten Sitten, den Blick für das, was sich ziemt, zu trüben – so versteht Himmler hier offenbar den Anstandsbegriff. Den Anstand als äußeren Wert oder Verhaltenskodex, der in der bürgerlichen Zivilisation gilt, instrumentalisiert er dazu, das Tötungsverbot als unaufgebbare Norm dieser Zivilisation aufzuheben und damit sich selbst im Dienste dieser Zivilisation stehend aufzuwerten.[6]

An diesem Extrembeispiel wird die Problematik des Anstandsbegriff nochmals wie in einem Brennglas sichtbar: Aus ethischer oder juristischer Sicht ist das Wort „Anstand" nur schwer greifbar und zudem höchst wandelbar, da sein Maßstab primär auf die Außenperspektive zielt – dasjenige also, was sich nach dem herrschenden Gesellschaftsbild, politischen System oder Zeitgeist mehr oder weniger ziemt, und zwar bis zu dem Punkt, dass offensichtlich selbst der Reichsführer der SS in seinem *forum internum* wie *externum* ein klares Gefühl dafür zu haben glaubt, was im Angesicht von Leichenbergen anständig ist.[7]

Diese Pervertierung zeigt die Problematik des Anstandsbegriff insgesamt, macht ihn aber keinesfalls obsolet, im Gegenteil: Die Vermittlung eines Anstandsgefühl, eines Gefühls dafür, was man tut oder besser lässt, ist ein wesentlicher Gegenstand von Erziehung und vielfacher Kompass menschlichen Alltagshandelns. Darum verbinden auch viele Menschen mit dem Anstandsbegriff weniger eine intellektuelle Leistung, als eine innere Haltung, ein tief empfundenes Gefühl für das, was man tut, was wiederum auf den Kern der eigenen Identität zielt und darum so wirkmächtig ist. Aus diesem Grund sind Ethos, Sittlichkeit, Werte und Anstand für viele Menschen in ihrem Alltag deckungsgleich und laufen begrifflich ineinander. Wenn Anstand jedoch allein mit den Erwartungen anderer oder der Umwelt verbunden und legitimiert wird, wird er aus ethischer Sicht vor dem eigenen *forum internum* umso begründungsbedürftiger, wie das Himmlerzitat als extremes Beispiel zeigt.

2. Die Begründungsbedürftigkeit des Anstandsbegriffs

Aktuell erlebt der Anstandsbegriff im öffentlichen Diskurs seine Konjunktur besonders aufgrund von Krisenzeiten als Zeitabschnitten, in denen die eigene Identität in Frage gestellt wird: Die ihn im Wirtschaftsleben oder der Politik Verwendenden haben meist eine so klare wie individuelle Vorstellung davon, wie man auf anständige oder unanständige Weise sein Geld verdient, Politik macht oder Arbeitnehmer behandelt. So paraphrasierte Hans Lutz Merkle, der ehemalige Vorsitzende der Geschäftsführung der Robert Bosch GmbH den Begriff Anstand mit dem geflügelten Wort: „Es gibt aber Dinge, die tut man einfach nicht."

Die Frage ist nun: Wie ist mit dieser Disparität sinnvoll umzugehen, dass ein Anstandsbegriff, der an der Einschätzung anderer oder zuweilen an der Mode unterworfenen Benimmregeln hängt, sich selbst aushöhlt, während ein intuitiver, moralisch aufgeladener Anstandsbegriff wenig begründungsfähig, ja sogar höchst inhuman sein kann? Denn wenn sich allein am eigenen Anstandsbegriff oder Rechtsgefühl determiniere, was man tue oder besser lasse, dann wird Recht allzu schnell, was dem Volke nützt.

Diese Dichotomie ändert aber nichts an der Beliebtheit des Anstandsbegriffs *per se*. Warum ist das so? Gerade in Zeiten von Globalisierung, Beschleunigung, Entgrenzung und einer damit verbundenen Orientierungssuche angesichts eines steigenden Maßes an Unübersichtlichkeit gewinnt der Anstandsbegriff an Bedeutung, weil er zu einer ethischen Qualifizierung menschlichen Handelns herangezogen wird. In diesem Sinne ist Anstand sehr wohl eine ethische Kategorie, wenn man die Prämisse akzeptiert, dass es Ethik mit menschlichem Handeln zu tun hat: Nicht „die Deutsche Bank" kann sich anständig oder unanständig verhalten, sondern nur die in ihr und für sie Handelnden. Moralfähig sind nur individuelle Akteure.

Es ist Teil unseres Menschseins, dass wir werten, dass wir andere Menschen und ihr Handeln beurteilen, und zwar durchaus in sehr persönlichen Kategorien wie gut oder schlecht, moralisch oder unmoralisch, oder eben auch anständig oder unanständig. Und diese Menschen belegen wir dann mit Attributen wie z.B. tüchtig, mutig oder ehrlich. Kaum jemand käme darum auf den Gedanken, ein Unternehmen *per se* als „ehrlich" oder „tugendhaft" zu bezeichnen.

Strittig ist hingegen etwas ganz anderes: Nämlich die Frage, wer beurteilt oder beurteilen darf/sollte, ob ein Mensch anständig, tugendhaft oder ethisch einwandfrei ist. Angesichts einer zunehmenden Konvergenz der Welt könnte man auch fragen: „Höhlt es den Anstand, der es offenbar schon schwer genug hat auf dieser Erde, nicht weiter aus, wenn er hier so und dort anders verstanden wird?“[8] Einige Anhänger des Anstands- oder Wertbegriffs mögen nun einwerfen: „Was anständig ist, das spürt man doch sofort und intuitiv.“ Oder: „Die eigenen Wertmaßstäbe und die eigenen Anstandsvorstellungen zeigen und bewähren sich letztlich nur im eigenen Tun.“

Diejenigen, die eine solche Ansicht vertreten, wären philosophisch keineswegs in schlechter Gesellschaft. So vertreten Max Scheler oder auch Nicolai Hartmann wie auch zahlreiche Naturrechtsanhänger im Zusammenhang mit dem Wertbegriff, dass dieser sich vor allem intuitiv und natürlich erschließe und dass sich die Werte, nach denen Menschen ihr Leben gestalten, gar hierarchisieren ließen.[9] Auf solche, dem Menschen oder der Gesellschaft innewohnende „Rechtsgefühle“ oder gar „natürliche Sittengesetze“ wurde noch in den 1950er Jahren als objektiver Maßstab der Rechtsprechung verwiesen. Ein solches Vorgehen wurde später von Ernst-Wolfgang Böckenförde in der Festschrift für Robert Spaemann jedoch umso eindrucksvoller mit folgender Begründung zurückgewiesen:

„Der Bundesgerichtshof hatte in den fünfziger Jahren zu entscheiden, ob der Begriff ‚Unzucht' i.S. des damaligen Kuppeleitatbestandes auch die Gestattung des Geschlechtsverkehrs unter Verlobten umfasse. Es berief sich hierzu [...] auf die Normen des (!) Sittengesetzes, deren starke Verbindlichkeit aus der 'vorgegebenen und hinzunehmenden Ordnung der Werte und der das menschliche Zusammenleben regierenden Sollenssätze' hergeleitet wurde [...]: ‚Indem das Sittengesetz ... dem Menschen die Einehe und die Familie als verbindliche Lebensform gesetzt und indem es diese Ordnung auch zur Grundlage des Lebens der Völker und Staaten gemacht hat, spricht es zugleich aus, daß sich der Verkehr der Geschlechter grundsätzlich nur in der Einehe vollziehen soll und daß der Verstoß dagegen ein elementares Gebot gesellschaftlicher Zucht verletzt.' Was sich hier eigentlich vollzieht, wird deutlich, wenn man für ‚das Sittengesetz' die Worte ‚der große Strafsenat des Bundesgerichtshofs' einsetzt."[10]

Diese Ausführungen Böckenfördes über das „Sittengesetz" lassen sich analog auch auf den Anstandsbegriff übertragen. Der ehemalige Verfassungsrichter bestreitet hier nämlich nicht die Existenz eines sittlichen Maßstabs *per se*. Was er hingegen kritisiert, ist dessen selbstverständlich „natürliche“ Herleitung, welche die Richter des Bundesgerichtshofes in obiger Urteilsbegründung besonders stark als Kinder ihrer Zeit erscheinen lässt. Während die materiale Naturrechtstradition seit der Scholastik viel umfassender auf „natürliche Ordnungen“ Bezug nimmt als einzelne naturrechtliche Begründungsmodelle in der Rechtswissenschaft, ist das generelle Problem mit eben solchen naturrechtlichen, intuitiven oder auf gesellschaftlichen Konsens rekurrierenden Begründungsansätzen bereits in dem von Böckenförde beschriebenen Sachverhalt überdeutlich. Und es stellt sich mit besonderer Brisanz auch beim Anstandsbegriff:

Die in einem natürlichen Rechtsempfinden oder „dem, was sich ziemt“ fundierten Modelle haben nämlich den Nachteil, dass sie sich auf einen von ihr selbst definierten Vernunftbegriff berufen und damit beanspruchen, global akzeptabel und universal nachvollziehbar zu sein, dann aber höchst subjektiv oder intuitiv postulieren, was vernünftig, anständig oder natürlich sei und was nicht. Was aber tut derjenige, der die Grundlagen eines „natürlichen Sittengesetzes“ durch Erziehung, Herkunft oder gewonnener Überzeugung so nicht nachvollziehen kann und dessen Absolutheitsanspruch in Frage stellt? Er fällt buchstäblich aus dem Rahmen, was ihn *de facto* in einen ethik- oder rechtsfreien Raum bringt. Und so wird aus ihm allzu schnell ein „unanständiger“ oder im schlimmsten Fall „unwerter“ Mensch. Begriffe wie „Anstand“ oder „Rechtsgefühl“ werden auf diese Weise auf eine ideologische Basis gestellt.

Wie aber geht man mit diesem Dilemma um? Zunächst ist zu erkennen, dass Anstand im Besonderen und Werte im Allgemeinen nichts Kollektiv-Statisches sind. Anders als Normen oder Gesetze, die allgemeinverbindlich sein und für alle gleich gelten sollen, bestimmt sich der Wert einer Sache zunächst individuell aus Sicht des Wertenden, der fragt: „Was ist mir die Sache wert?“. Dies ist auch auf den ersten Blick schon deshalb einleuchtend, weil der Begriff „Wert“ bis zur Mitte des 19. Jahrhunderts vor allem in der Ökonomie angesiedelt war. Die jeweiligen Werte hängen dabei eng mit der eigenen Lebensgeschichte und der jeweiligen Gesellschafts- und Wirtschaftsordnung zusammen: „Wie viel ist das wert?“ meint in der Regel „Was kostet es wirklich?“. Wertungen werden durch die gemeinsame Teilhabe an einer Wirtschafts- oder

Staatsordnung auch selten willkürlich vorgenommen, sondern besitzen eine inter-subjektive Geltung, aufgrund derer sie von verschiedenen Menschengruppen anerkannt werden.

Eben dies gilt auch von dem, was eine Gesellschaft als anständig oder unanständig wertet. Werte oder ein Anstandsgefühl lassen sich aber nicht natürlich oder gar ewig etablieren, sondern sind nur in ihrem spezifischen lebensweltlichen Kontext existent. Jeder Wert ist zunächst einmal so gut oder schlecht wie ein anderer. Die Präferenz für den einen oder anderen Wert wurzelt stets im wertenden Menschen. Anders als der Anstandsbegriff haben Werte ihre Wurzeln im wertenden Subjekt höchstpersönlich, das sie keineswegs erfunden hat, sie jedoch bewusst anerkennt oder ablehnt. Anders als innerlich akzeptierte Werte ist der Anstandsbegriff jedoch ein vor allem extern legitimierter und überprüfter Standard: Indem der Mensch erfährt, was anständig oder nicht anständig ist, was „man" tut oder lässt, bezieht er sich auf von anderen definierte Maßstäbe. Und erschließen sich diese einem selbst nicht, bleibt immer noch die Anstandsdame, die sie nahebringt.

3. Anständig wirtschaften?

Was folgt aus der dargestellten Problemgeschichte des Anstandsbegriffs nun aus ökonomischer oder unternehmerischer Sicht für die hier zur Debatte stehende Frage, ob und wie man „anständig" wirtschaften und „anständig" unternehmerisch tätig sein kann?

Zum einen, dass ein Gefühl für Anstand zwar integraler Teil menschlicher Existenz ist (das gefühlte „das tut *man* einfach nicht"), dass aber normativ mit Anstand allein kein Staat zu machen ist und keine Märkte hinreichend zu regulieren sind, denn dafür ist der Anstandsbegriff zu unbestimmt und verharrt zu sehr in wandelbaren gesellschaftlichen Konventionen und Überzeugungen der jeweiligen Gegenwart und damit in der Außenperspektive – wie anfangs gezeigt.

Zum anderen gilt aber ebenso, dass auch mit den besten Normen und Gesetzen allein kein Markt zu machen ist, wenn es keinen Konsens, kein Rechts- oder Anstandsgefühl hinsichtlich deren Befolgung gibt. Darum legt die Alltagstauglichkeit und wirkmächtige ethische Verankerung des Anstandsbegriff im eigenen *forum internum* nahe, dass man aus anthropologischer Perspektive gut beraten scheint, auf die Kraft des *forum internum* eines Individuums zu setzen, zu dessen Humanität ein Verständnis davon gehört, was anständiges oder unanständiges Handeln ausmacht. Dieses *forum internum* bestimmt etwa jenen selbst gesetzten Maßstab, vor dem ein ehrbarer Kaufmann seine Ehrbarkeit misst. Ehrlichkeit verlangt bereits das Recht von ihm, aber Ehrbarkeit wird er vor allem im Spiegel des eigenen Anspruchs messen. Und jeder Kaufmann wird mit der Individualität des Menschen genauso rechnen wie mit seiner Fehlbarkeit und Irrationalität, wie John Kenneth Galbraith, der mittlerweile verstorbene Nestor keynesianischer Ökonomie in Nordamerika, wie folgt ausführte:

„How we think about human nature is key to any theory trying to explain how markets function and how they should function. Global markets depend on their smallest units and those are generally people from all different cultures and creeds. A *homo oeconomicus*-model does not take that fact into account. [...] People fool themselves thinking that markets are a fully manageable process. It's an inherent process and one has to work with its realities rather than thinking about it in abstract terms."[11]

Für Galbraith können Begriffe wie „Ethik" oder „Anstand" vor allem *hermeneus*, Übersetzer dessen sein, wie man Marktteilnehmer motiviert, anständig zu wirtschaften, um damit nicht nur vor ihren *peers*, sondern vor ihrem *forum internum* bestehen zu können. Die ökonomischen Kausalzusammenhänge und Gesetzmäßigkeiten, die innerhalb der Nationalökonomie im Rahmen dessen entworfen werden, was Amartya Sen als rein technischen *engineering approach* bezeichnet, greifen für alle Marktteilnehmer, während ein Gefühl für Anstand oder ethische Maßstäbe unterschiedlich ausgeprägt sind.[12] Will heißen: Gesetzmäßigkeiten der Ökonometrie, Mathematik oder Statistik gelten für anständige wie weniger anständige Menschen. Das Prinzip von Angebot und Nachfrage als Grundlage der Preisbildung gilt unabhängig von der ethischen Einschätzung über die Marktteilnehmer.

Ethik argumentiert ihrerseits aber in erster Linie auf anthropologischer Ebene, nämlich im Bereich der Wirtschafsethik in der Reflektion ihres Verständnisses vom Menschen in das ökonomische Denken. Ihr Ziel kann kaum die Entwicklung neuer Normen oder ökonomischer Denkmodelle sein, sondern sie reflektiert deren Denkmodelle und deren dahinter liegenden Prämissen und den handelnden Mensch als moralischen Akteur. Eine auf einem so verstandenen Bild von Menschen als Marktteilnehmern fußende Wirtschaftsethik kann ihre besondere Stärke dann entwickeln, wenn sie im Rekurs auf die anthropologischen *propria* den Mensch nicht allein als *homo oeconomicus*, sondern als *homo integralis* beschreibt. Und genau dazu gehört, die Tatsache ernst zu nehmen und zu berücksichtigen, dass viele Menschen ein klares individuelles Bild von dem haben, was mit Begriffen wie Anstand, Ethik oder Sittlichkeit – wenn auch wenig trennscharf – im Alltagsdiskurs wie etwa in der aktuellen Debatte um Managergehälter oder Finanzmarktregulierung immer wieder thematisiert wird.

An einen so verstandenen, „ganzheitlichen Ansatz" anthropologischer Ethik und deren Freiheitsverständnis werden gerade Ökonomen besonders gut anknüpfen können, denn auch viele Ökonomen – und nicht nur in St. Gallen – würden uneingeschränkt zugestehen, dass man bereits im *homo oeconomicus*-Modell eigentlich von einem *homo occidentalis oeconomicus axiomaticus* sprechen müsste, weil der Mensch durch Natur, Kultur, Geschichte, Sozialstruktur, globale Vernetzung und durch die schlichte Tatsache seiner Humanität sowie der mit ihr verbundenen menschlichen Bedingtheit und Sterblichkeit geprägt wird.[13] Diese Bedingtheit menschlicher Existenz kann Ethik angemessener verorten helfen, als dies der Ökonomie seit David Ricardo gelungen ist.

Geglückt ist eine solche Synthese von Ethik und Ökonomie, von Anstand und Markt noch dem deistisch geprägten Moralphilosophen Adam Smith. Leider gehört Smith zu jenen ökonomischen Klassikern, die ständig zitiert, aber selten im Original gelesen werden. So unterstellt man Adam Smith oftmals, er vertrete die These, dass allein „individueller Egoismus" wirtschaftliche Prozesse voran treibe und dadurch allen nütze.[14] Smith verlangt also keinen besonders anständigen Kaufmann, wohl aber einen mit einem so legitimen wie legalen Eigeninteresse. Darum spricht Smith auch nicht von *egoism*, sondern lediglich von *self-interest*, von Eigeninteresse, welches seinerseits in gesellschaftliche Institutionen und die *rule of law* des Rechtstaats eingebettet sein müsse. Dennoch zitieren die ökonomischen Standardlehrbücher immer wieder das Smith'sche Diktum von der *invisible hand of the market*, der unsichtbaren Hand des Marktes, ausgerechnet als Metapher dafür, dass freie Märkte sich selbst und die Gesellschaft regulieren, wenn man sie nur ungezügelt wirken lasse. Dass dem nicht so ist, bemerkt selbst ein ungeschulter Betrachter der aktuellen Finanzkrise. Eine genauere Analyse des Smith'schen Denkens zeigt, dass der Terminus *invisible hand of the market* überhaupt nur einmal in seinem bekannten *Wealth of Nations* und nur weitere dreimal im Gesamtwerk des schottischen Moralphilosophen vorkommt, der zudem offen lässt, ob es Gott oder menschliche Kräfte sind, die diese unsichtbare Hand am Ende führen.

Der generelle Appell an das kollektive Verantwortungsbewusstsein oder ein – wie auch immer definiertes – individuelles Gefühls des Anstands von Managern und Unternehmern ist aus kategorischer Sicht ohne den normativen Verweis auf die *rule of law* für sich allein genommen nicht ausreichend. Denn was anständig und dem Leben dienlich, was sozial gerecht und was sachlich zwingend ist, hat *per se* einen so großen Interpretationsspielraum, dass sich solche Begriffe ähnlich wie der Gemeinwohlbegriff im Unbestimmten verlieren, wenn man etwa versäumt, juristisch zu definieren, dass Eigentum sozialpflichtig ist. Und der Versuch, einer Institution oder einer Marktwirtschaft als ganzer eine ethische Verantwortlichkeit zusprechen und durch Termini wie „Anstand“ ethisch aufladen zu wollen, scheitert in der Regel bereits daran, dass Institutionen eben keine natürlichen, sondern juristische Personen sind. Regeln brechen aber nicht Firmen, sondern die in ihnen handelnden Menschen. Darum ist es auch so unnötig wie unmöglich, von Firmen oder Staatswesen „Anstand“ zu fordern. Hilfreicher dagegen sind jene ethischen Maßstäbe, die ihren Bezugspunkt im Menschen selbst haben, wie etwa der Begriff der Würde: Der Menschenwürdebegriff, den das Grundgesetz ebenso fundiert wie man ihn gleich im ersten Buch der Bibel im Bild der „Gottesebenbildlichkeit“ verankert findet, ist durchaus justiziabel und fassbarer als der Anstandsbegriff für sich allein genommen, solange jeder Bürger überzeugt ist, dass der Rechtsstaat an allen Orten und unter allen Umständen für den Schutz der Würde des Menschen in Wirtschaft und Gesellschaft eintritt. Ob sich dann von einem bestimmten Hartz IV-Satz menschenwürdig leben lässt, beurteilen letztinstanzlich dazu berufene Richter. Ehrbarkeit ist hingegen aus guten Gründen nicht einklagbar, was aber keineswegs heißt, dass es sie nicht gebe oder dass sie keine Rolle spiele.

4. Fazit

Welchen Sinn hat dann aber letztlich die Diskussion um den Anstandsbegriff für ökonomisches oder politisches Handelns? Die Analyse des Anstandsbegriffs hat gezeigt, dass Anstand mehr ist als äußerlich gutes Benehmen im Sinne einer Konvention. Er enthält einen ethischen Anspruch, in dem das eigene Handeln gerade auch im ökonomischen Zusammenhang auf den anderen hin ausgerichtet und reflektiert werden soll.

Wenn aber das, was Anstand meint, allein von der Sozialisation des Einzelnen, von der Gesellschaft, in der er lebt, und über deren Orientierungsmaßstäbe er sich im gesellschaftlichen Kommunikationsprozess verständigt, abhinge und unstreitig wäre, dann bedürfte es keiner Gesetze oder Regulierung von Märkten. Eine große Zahl möglichst vieler „ehrbarer" Kaufleute wäre erstrebenswert, aber wenn allein alle Kaufleute „ehrlich" wären und sich in den Grenzen von Recht und Gesetz bewegen würden, wäre einiges gewonnen. Ein solcher Katalog vieler Dinge, die man „einfach nicht tut“, findet sich bereits im Strafgesetzbuch. Wem aber kein Gefühl für Anstand und Recht vermittelt wurde, der wird es schwerer haben, sich im Rahmen solcher Gesetze zu bewegen.

Der Anstandsbegriff allein ist zwar letztlich keine harte Währung in einem wissenschaftlich-philosophischen Sinne, aber in seiner gesellschaftlichen Wirkmächtigkeit eine so verbreitete wie höchst konvertierbare Währung, da viele Anständige wie Unanständige, die ihn im Munde führen, allzu gut wissen, dass es für die meisten Menschen so etwas wie Anstand gibt.

Und den Verbreitungsgrad dieser Währung zu unterschätzen, rechnet sich nie. Denn selbst durch einen nur gefühlten Mangel an Anstand werden Ämter verloren und Firmenvermögen verspielt. Anstand „zahlt sich aus“ – und zwar gerade nicht nur in einem engeren ökonomischen Sinne.

Anmerkungen

1 A. Schweitzer, Predigten 1898-1948, hrsg. v. R. Brüllmann; E. Gräßer, München 2001, S. 1269; A. Schweitzer, Was sollen wir tun? 12 Predigten über ethische Probleme, Heidelberg 1974, S. 77f.

2 H. Haberstumpf, Die Formel vom Anstandsgefühl aller billig und gerecht Denkenden in der Rechtsprechung des Bundesgerichtshofs. Eine Untersuchung über juristische Argumentationsweisen, Berlin 1976, S. 74.

3 Ebd., S. 34 f.

4 Zur Legaldefinition der „guten Sitten" vgl. §138 BGB.

5 Zit. nach: W. Hofer (Hrsg.): Der Nationalsozialismus. Dokumente 1933-1945, Frankfurt am Main 1988, S. 114. Hervorhebung durch den Verfasser.

6 K.-H. Göttert, Zeiten und Sitten. Eine Geschichte des Anstands, Stuttgart 2009, S. 259.

7 R. Gross, Anständig geblieben. Nationalsozialistische Moral, Frankfurt am Main 2010.

8 K.-H. Götter, Zeiten, a.a.O., S. 9.

9 M. Scheler, Der Formalismus in der Ethik und die materiale Wertethik. Neuer Versuch eines ethischen Personalismus, Bern 1916, 4. Aufl., 1954; N. Hartmann, Ethik, 4. Aufl., Berlin 1962.

10 E.-W. Böckenförde, Kritik der Wertbegründung des Rechts, in: R. Löw (Hrsg.), Oikeiosis. Festschrift für Robert Spaemann, Weinheim 1987, S. 1-21, S. 17.

11 Interview des Autors mit John Kenneth Galbraith am 14.02.2003 in Cambridge, Massachusetts.

12 A. Sen, On Ethics and Economics, Oxford 1987, S. 4; A. Sen, Rational Fools: A critique of the behavioural foundations of economic theory, in: F. Hahn; M. Mollis (Hrsg.), Philosophy and Economic Theory, Oxford 1979, S. 87ff.

13 J. Galtung, Ökonomismus als Okzidentalismus, in: J. Jarre (Hrsg.), Die Zukunft der Ökonomie. Wirtschaftswissenschaftliche Forschungsansätze im Vergleich, Loccumer Protokolle 15/1984, S. 165-77, S. 170f.

14 A. Smith, Wealth of Nations, Book I: Of the causes of improvement in the productive power of labour and of the order according to which its produce is naturally distributed among the different ranks of the people, Chapter II: Of the principle which gives occasion to the division of labour, [reprint], New York 1991, S. 20: "It is not from the benevolence of the butcher, the brewer, or the baker, that we expect our dinner, but from their regard to their own interest. We address ourselves, not to their humanity but to their self-love, and never talk to them of our own necessities but of their advantages."

Anstand – ein zeitloser Wert

Franz M. Haniel / Timo Meynhardt

Bei allem, was man tut, immer das Wohl der anderen im Blick haben und nicht nur den eigenen Vorteil – das ist anständig. Nichts Falsches tun ist nicht genug, sondern es ist notwendig danach zu streben, dass das, was ich da tue, im Interesse des großen Ganzen ist. Das berechtigte „Da habe ich doch was Gutes getan; jetzt darf ich mir doch auch mal auf die Schulter klopfen" ist gefährlich, weil es nur ein kleiner Schritt ist zur egoistischen Selbstoptimierung. Wenn man im Interesse der anderen anständig handelt, ergibt sich die Belohnung – wie immer die dann aussieht – völlig von allein. Aber im Interesse der anderen zu handeln, um belohnt zu werden, ist der falsche Ansatz.

Mit diesen knappen Sätzen ist unser Verständnis von Anstand umschrieben[1]. Wir meinen, so einfach wie diese Sätze klingen, so verhält es sich auch mit dem Thema – wenn man es mit der Alltagserfahrung konfrontiert und in die (leider oft abwertend gebrauchten) Kategorien des gesunden Menschenverstandes übersetzt. Die darin aufbewahrten letzten Wahrheiten über uns selbst und andere sind es schließlich, die unser Handeln lenken – und nicht akademische Einsichten. Wir wissen heute, dass wir alle das Potenzial in uns tragen, ein Moralempfinden zu entwickeln, aber auch, dass niemand davor gefeit ist, Versuchungen zu erliegen. Jeder Anlauf, „die" menschliche Natur zu verändern, ist – gescheitert. Immer dann, wenn der Mensch sich absolut setzt, sich als Maß der Dinge betrachtet und sich damit selbst zum Mittelpunkt macht und große Entwürfe entwickelt, ist auch der Keim des Scheiterns schon eingebaut.

Mit den Erfahrungen des 20. Jahrhunderts im Rücken sind heute kleine, im besten Sinne pragmatische Lösungen gefragt, denn: Je weniger jemand eine Situation „im Griff" hat und sich auf unerwartete Entwicklungen einstellen muss, desto eher ist er oder sie auf eigene Überzeugungen und Werthaltungen angewiesen. Einer solchen Sicht mag man unterstellen, dass sie Systemzusammenhänge und -zwänge auf psychische Eigenschaften reduziert („Psychologismus"). Doch in komplexen Systemen – wie sie die moderne Gesellschaft nun einmal darstellt – kann niemand den Schalter einfach umlegen und Entwicklungen zielsicher forcieren. Mehr denn je ist der Einzelne auf sich selbst und seinen „inneren Kompass" zur Navigation auf unüberschaubarer See angewiesen.

Diese Ausgangslage macht die Kategorie des Anstands so bedeutsam und relevant. Sie ist nicht das wohlfeile Gegenmittel, um der materiellen Gier Herr zu werden oder eine oberflächliche, heuchlerische Konvention zur öffentlichen Gesichtswahrung. Vielmehr konfrontiert sie jeden von uns mit der Aufgabe, sich selbst als moralisches Subjekt zu sehen und mit diesen Maßstäben an sich zu arbeiten. In diesem Beitrag möchten wir – möglichst exoterisch – für die zeitlose Bedeutung der Thematik werben.

Anstand heißt, das Ganze denken

Die Idee, nicht nur an sich selbst, sondern für das Ganze mitzudenken, ist für uns die Essenz anständigen und damit sittlichen Handelns. Es scheint auf den ersten Blick widersprüchlich: Wie soll man an das Ganze appellieren, wenn man gerade dieses nicht erfassen oder zielgerichtet beeinflussen kann?

Die Antwort ist: Weil nur die Fiktion von einem Ganzen (einem generalisierten Anderen) uns ein Bild geben kann, an dem wir verantwortliches Handeln ausrichten. Es ist ja gerade ein Wesensmerkmal sozialer Komplexität, dass sie nicht in einzelne Teile zergliedert werden kann. Es sind die Bilder im Kopf, die uns Orientierung geben, nicht die Wirklichkeit selbst. Im harten Realitätsbezug erhalten wir dann Rückmeldung, wie tragfähig unsere Konstruktionen und Phantasien sind. Dennoch bleiben sie *psychische* Realitäten.

Zumindest muss jede „Anstandstheorie" dort ansetzen und darf gerade nicht allein „das System" verantwortlich machen. Niemand kann bestreiten, dass Strukturen (etwa der Corporate Governance) oder Anreizsysteme bestimmte Verhaltensweisen eher belohnen und fördern. Verkauft ein Bankberater ein Anlageprodukt wider besseren Wissens? Nutzt ein Vorstand den Graubereich der leistungsorientierten Bezahlung? „Optimiert" der Arzt die Abrechnung seiner Patientenleistungen? Die „animal spirits" aber kann – wie die Weltgeschichte lehrt – kein System unterdrücken. Zudem sind sie manchmal das Beste, was ein Mensch hat! Kurzum: Kein ökonomischer Prozess ist nur aus sich selbst heraus zu verstehen, sondern nur mit Rückgriff auf psychologische Faktoren.

Und genau hier setzen wir an: Anstand ist die innere Stimme, die zu Wort kommt, wenn es um die Frage geht, wo eine Selbstoptimierung zu Lasten anderer beginnt und endet. Unverzichtbar ist dabei ein verinnerlichter Maßstab der Moral für das, was (noch) anständig ist. Das Gefühl „Das tut man nicht" ist für uns keine kindlich-naive Anstandsempfindung, sondern ein schon in den ersten Lebensjahren erworbenes Reaktionsmuster, wie später auch immer intellektuell leichtfüssig oder umständlich begründet.

Diese Empfindung und ihr Stellenwert in der Gesellschaft wandelt sich mit den Zeiten, Kulturen und Umständen. War die bürgerliche Erfindung des Anstands und später des ehrbaren Kaufmanns Ausdruck eines Selbstbewusstseins der Mäßigung und einer Selbstkontrolle durch die Projektion, was andere von meinem Verhalten wohl denken mögen, so können formalisierte Anstandsformen schnell auch zu einer gespielten Fassade verkommen. Die soziologische Rollentheorie hat uns die Problematik zwischen sozialer Erwartung und privatem Selbst präzise auf den Punkt gebracht: Der Mensch entwickelt sich in der Auseinandersetzung mit der Sozialrolle und wird dennoch nie vollständig vergesellschaftet. Triebe, Leidenschaften und Begierden werden gezügelt durch verinnerlichte Anstandsregeln, die Distanz, gegenseitige Rücksichtnahme und Verbindlichkeit einfordern – Anstand ermöglicht Abstand.

Wie anfällig allerdings die Zuverlässigkeit der kulturellen Errungenschaften im Zwischenmenschlichen ist, bleibt keinem verborgen. Der Anstand wird im Alltag schnell zur stilechten Blüte, ähnlich einer in Umlauf gebrachten Falschwährung. Im Spiel mit der Anstandsmaske (Differenz zwischen Wort und Tat) wird die Anstandsrhetorik immer wieder missbraucht. Wir wissen heute aber auch aus der Rollentheorie, dass Menschen immer auch danach streben, in sozialen Situationen ihr Gesicht zu wahren und deshalb konsequent aufrichtiges Verhalten (privates Ich) gar nicht möglich ist. Es ist einfach, von außen die Falschspieler zu verurteilen; schwieriger ist es, in konkreten Handlungsbezügen anständig zu bleiben und effektiv Ziele zu erreichen.

Und genau hier werben wir für den persönlichen Abgleich zwischen dem unmittelbaren Nutzen für den Einzelnen und Gemeinwohlbelangen. Es geht dabei um den inneren Kompass, der immer dann ausschlägt, wenn ein subjektiv gefühltes Maß an Gleich- oder Ungleichbehandlung überschritten wird. Diese moralische Dimension des Anstands macht das mit dem Begriff bezeichnete Phänomen so relevant in einer Zeit, wo der Einzelne in Ermangelung verbindlicher Regeln und Leitplanken immer stärker auf seine inneren Werte angewiesen ist. Ein solcher Freiheitsgewinn stellt hohe, für manche zu hohe, Anforderungen.

Sich selber in die Pflicht nehmen

Natürlich ist es äußerst voraussetzungsreich, vom „großen Ganzen" und vom „Gemeinwohl" zu sprechen und es bedarf der systematischen Reflexion und auch Vision, was damit gemeint sein könnte. Vor allem aber zählt konkrete Lebenserfahrung. Diese ist durch nichts zu ersetzen. Erfahrungen muss jeder selber machen, um zu erleben, wirklich zu sehen, ob man sich gemäß diesem Koordinatensystem, diesem Wertesystem, konsequent in schwierigen Situationen verhält.

Der genannte innere Kompass ergibt sich ganz klar aus dem Wertgefüge, das man für sich selber anlegt. Er bildet ein Koordinatensystem, einen Referenzpunkt. Und dieses Koordinatensystem hilft einem bei allen anstehenden Entscheidungen zu differenzieren, was richtig, was anständig ist, was eine „Grauzone" darstellt oder was außerhalb des Anstandes ist.

Für uns ist Anstand aber nicht die gesellschaftlich vermittelte Bremse, welche, einmal verinnerlicht, quasi automatisch bedient wird. Ein solches mechanisches Bild verkennt zum einen, dass sich die Aneignung von vorher äußerlichen Werten zu innerlich selbst gewollten Werthaltungen nicht befehlen lässt, sondern ein psychologischer Prozess mit offenem Ausgang ist. Zum anderen bedeutet Anstand nicht nur das Befolgen von erlernten Konventionen für bekannte Situationen, sondern er ist gerade für neue, undefinierte Situationen von Interesse. Genau dort erweist sich das Anstandsmotiv als wichtige Orientierungshilfe.

Wie aber können sich erwachsene Menschen Ressourcen des Anstands erschließen und den inneren Kompass ausrichten und womöglich reparieren? Wir sind überzeugt, dass es insbesondere philosophische und religiöse Quellen sind, in denen sich praktische Weisheit und gesunder Menschenverstand bündeln. Welche Texte dies im Einzelnen sind, muss jeder für sich entscheiden.

Über die „Wahrheit“ dort propagierter Werte – sei es etwa in der Bibel, im Talmud, im Koran – lässt sich nicht richten. Die Wahrheit liegt im Glauben selbst, also in der Bejahung der Werte, von denen sich jemand emotional angesprochen fühlt. Erst von dieser Position einer Selbstvergewisserung ist es möglich, andere Positionen in ihrer Differenz wahrzunehmen und sich mit ihnen auseinanderzusetzen. Oberflächliche Toleranz entsteht oft aus Gleichgültigkeit mangels eines eigenen Koordinatensystems. Wenn wir eingangs formuliert haben, dass Anstand mit dem Blick aufs Ganze zu tun hat, dann wird dieser an jenen Punkten sichtbar, wo man die Auswirkungen eigenen Handelns auf andere bedenkt.

Was wir damit ansprechen, ist eine Aufforderung zur Reflexion der eigenen Lage, zur bewussten Auseinandersetzung mit den Grundfragen des Lebens. Der eine mag diesen inneren Dialog als Gebet führen, der andere im Ergebnis sinnlicher Erfahrung mit Kunst und Kultur, der Dritte gar in einem therapeutischen Kontext. Entscheidend ist für uns die bewusste Hinwendung dazu. Jede Lebenserfahrung zeigt allerdings, dass echte Änderungen im eigenen Wertesystem immer mit Krisen und Phasen großer Verunsicherung, oft Niederlagen und Rückschlägen verbunden sind.

Wer über Anstand spricht, merkt schnell, dass dieses Thema vor allem außerhalb besonderer Anlässe relevant ist. Es ist – oder eben nicht – eine Haltung, die im Alltag sichtbar wird. Sie beginnt auch im Kleinen: Das Aufhalten einer Tür für eine andere Person ist keinesfalls banal, auch nicht das rücksichtsvolle Verhalten als Autofahrer oder in der Warteschlange am Flugsteig. Verinnerlichte Anstandsregeln sind das unsichtbare Band, ohne welches das zwischenmenschliche Zusammenleben kulturell zurückfällt. Es ist Ausdruck der Gemeinschaft, jener informellen Bindungsformen, ohne die eine Gesellschaft nicht existieren kann.

Der große Soziologe Ferdinand Tönnies hat uns dies wie kaum ein anderer mit seinem Dualismus von Gemeinschaft und Gesellschaft vor Augen geführt: Nicht abstrakte Rechtsvorschriften und immer komplizierter werdende Verordnungen für alle möglichen Lebensbereiche halten ein Gemeinwesen zusammen, sondern die Beziehungen in der Familie, am Arbeitsplatz, im Verein oder im Freundeskreis. Solche unmittelbaren Erfahrungen in der *Gemeinschaft* stehen jedoch oft im starken Kontrast zum Erleben einer *Gesellschaft*, die auf rationalen, politischen oder geschäftlichen Abstraktionen beruht.[2]

Ein Beispiel dafür ist die Einsicht, dass Kodizes zur Corporate Governance und Compliance-Vorschriften nicht mehr sein können als ein Rahmen. Dieser kann Fehlverhalten nicht verhindern. Die einzige Möglichkeit ist, dass man wirklich eine Kultur etabliert, ein Verständnis und ein Umfeld schafft, in dem das anständige Verhalten, das ehrbare Verhalten, ein ganz wichtiges Element ist und damit die Menschen in eine Situation bringt, entsprechend diesem Kodex und Werteverständnis zu handeln. Jegliche Kontrollsysteme in jedem System versagen, wenn sie nicht durch ein Mindestmaß an Akzeptanz bei den Beteiligten getragen werden. Ohne Bewusstsein für den inneren Kompass geht es im komplexen System nicht. Insofern ist unsere Kategorie des Anstands eine hochmoderne!

Anstand ist also nicht allein die Sorge um das eigene Ansehen, sondern eine für eine funktionierende Gesellschaft unerlässliche Qualität, deren Einfluss insbesondere dann sichtbar wird, wenn sie fehlt oder empfindlich leidet. Man kann anständiges Verhalten auch nicht anordnen, so wie man nicht auf Befehl rot werden kann – es sei denn, man ist ein Schauspieler.

Die Zukunft des Anstands

Anstand ist für uns keine wohlfeile Kategorie, derer man sich immer dann gern bedient, wenn man Systemdebatten dadurch vermeiden möchte, dass man Krisen (wie etwa die aktuelle Finanzkrise) mit dem Versagen von Individuen und Gruppen erklärt – sozusagen: Anstandsphilosophie als Krisenphilosophie.

Anständiges wie unanständiges Verhalten am Maßstab der jeweils vorherrschenden Werte hat es immer gegeben und wird es immer geben. Man kann sicher viele negative Einflussfaktoren aufzählen, die die moralische Qualität in unserer Gesellschaft bedrohen. Auf welche Trends können wir setzen, um anständiges Verhalten im hier besprochenen Sinne zu fördern? Es sind insbesondere zwei systemische Rahmenbedingungen, die sich – bei aller Offenheit der Entwicklung – als positive Tendenzen interpretieren lassen.

Ein erster solcher Antreiber ist der rasant gewachsene interkulturelle Austausch. Trotz aller Negativszenarien zwingen Migrationsbewegungen und Globalisierung zur Auseinandersetzung mit anderen Wertvorstellungen und Lebensformen. Annäherung kann eben auch besseres Verständnis fördern. Dieser Trend ist sichtbar in Wirtschaft, Politik und Bildung. Natürlich: die Gefahr, sich von dieser sich mischenden Welt abzukoppeln und im schönen, warmen Stübchen zu sein, scheint immer wieder auf.

Die heutige Generation hat den ganz großen Vorteil, dass sie sehr früh international ausgerichtet ist und damit auch früh verschiedene Kulturen, verschiedene soziale Hintergründe und verschiedene Wertesysteme kennenlernt. Und dadurch setzt sie sich vielleicht sehr viel früher mit dem Thema auseinander: Welches Wertesystem oder welche Parameter sind von Bedeutung? Das heißt, die junge Generation wird heute automatisch früher mit anderen Positionen konfrontiert.

Ja, das kann einem auch Angst machen, aber wir meinen, dass sich der Einzelne dadurch gleichzeitig etwas mehr Gedanken darüber macht und vielleicht auch leichter entscheiden kann: Was ist für mich wirklich wichtig? Ich sehe, was andere tun. Aber wonach will *ich* leben, was sind wichtige Parameter in meinem Leben? Jeder muss sich mit diesem Thema auseinandersetzen, egal ob das eigene Leben lokal oder global ist. Wenn man nicht diese Perspektive sucht, besteht zumindest die Gefahr der fehlenden Orientierung.

Es ist eine Herausforderung für uns alle, mit dieser Offenheit umzugehen, sie zu akzeptieren und auch anzunehmen und sich entsprechend zu verhalten. Gesellschaftliche Entwicklungen kann niemand aufhalten; wir können sie aber mitgestalten. Wir haben gar keine andere Wahl als uns dieser Entwicklung zu stellen, wenn unsere Gesellschaft in einer globalisierten Wirtschaft mithalten möchte.

Ein zweiter Antreiber ist das für viele (nicht für alle) gestiegene materielle Niveau. Solange es um die Sicherstellung des eigenen Lebensunterhaltes geht, wird man nur schwer den Blick auf das Gemeinwohl richten. Aber sobald die Menschen sich ein Lebensumfeld geschaffen haben, in dem sie auch größere finanzielle Freiheitsgrade haben, steigt die Chance, nicht nur auf den eigenen Bauchnabel zu schauen.

Es ist eine weit verbreitete Auffassung, wonach mit der Befriedigung von materiellen Grundbedürfnissen andere Motive für den Einzelnen an Bedeutung gewinnen. Ob der Bauer in einem Entwicklungsland, der bisher in erster Linie darauf bedacht sein musste, dass das Gemüse anständig wächst, damit er die Familie am nächsten Tag ernähren kann, sich bei steigendem Wohlstand wirklich mehr Gedanken um andere macht, ist rein spekulativ. Aber ohne diese materiellen Voraussetzungen ist es noch schwieriger. Insofern begünstigt das an vielen Stellen der Welt gestiegene Wohlstandsniveau die Auseinandersetzung mit Fragen nach Moral und Anstand, insgesamt der gesellschaftlichen Bedeutung eigenen Handelns.

Wir sind uns bewusst, dass beide von uns als positive Kräfte benannten Tendenzen auf schwankendem Boden stehen. Gleichzeitig sind wir aber überzeugt, dass es genau diese letztlich ökonomischen Prozesse sind, welche die soziale Dimension unseres Handelns breiter ins Bewusstsein heben werden.

Sehr viel greifbarer allerdings sind unmittelbar überprüfbare Handlungen im Alltag. Den Anstand nicht als falsche Währung zu missbrauchen, ist für uns eine wichtige Handlungsmaxime: Wie hoch die Fallhöhe für jene sein kann, die „Wasser predigen und Wein trinken", führt uns die Mediengesellschaft tagtäglich vor. Allein das Thema Anstand für Sonntagsreden zu missbrauchen, ist nicht anständig.

Im Führungsalltag eines Unternehmens wirken eben nicht nur systemische Zwänge: Es beginnt damit, dass die Personen, die heute an den Entscheidungsstellen sitzen und über die Führungskräfte von morgen und übermorgen entscheiden wissen, wie wichtig es ist, als ehrbarer Kaufmann und anständiger Mensch in dieser Welt zu leben.

Die Grundrichtung muss stimmen. Anständiges Verhalten, Charakter, Integrität und Empathie müssen als Entscheidungskriterien explizit aufgeführt werden. Natürlich zählen fachliche Kompetenz und soziale Fähigkeiten. Damit ist aber kaum etwas gesagt über die menschlichen Qualitäten. Wie schwer eine solche Sicht durchzusetzen ist, weiß jeder, der entsprechende Erfahrungen gemacht hat. Andererseits, so zeigt unsere Erfahrung, ist es aber auch kein psychologisches Mysterium über diese Dimensionen zu urteilen. Der gesunde Menschenverstand ist auch hier gefragt!

Resümee

Die gegenseitige Abhängigkeit in einer vernetzten, globalisierten Welt konfrontiert uns mit unterschiedlichsten Werten und Normen. Wie viel Gleich- bzw. Ungleichbehandlung im Umgang mit anderen wir mit uns selbst vereinbaren können, ist die Gretchenfrage der Anstandsdiskussion. Nicht das Pro und Contra des Befolgens von Anstandskonventionen oder das im sozialen Kontakt unvermeidliche Rollenspiel ist für uns der interessante Punkt. Vielmehr ist es gerade die Einsicht in die mangelnde Steuerbarkeit sozialer Systeme, welche individuelle Verantwortung und damit die Anstandskategorie so bedeutsam werden lässt.

Wir haben dafür plädiert, Anstand als ein Mitdenken fürs Ganze zu verstehen. Dies braucht ein inneres Bild davon, was darunter zu verstehen ist. Hier haben wir insbesondere den gesunden Menschenverstand stark gemacht und auf philosophische und religiöse Weisheit verwiesen, die sich jeder selbst erarbeiten muss. Wir haben bewusst weniger Wert auf den Entwurf völlig neuer Vorstellungen gelegt und auf inhaltliche Festschreibung von „Gemeinwohl" verzichtet. Dies deshalb, weil wir überzeugt sind, dass die Erfahrungen des letzten Jahrhunderts uns lehren, sich genau zu überlegen, was jeweils aufs Spiel gesetzt wird und welches der Preis sein könnte. Anstand heißt demnach auch, sich der Zumutungen gegenüber anderen bewusst zu werden.

Auch wenn Anstand zu den Begriffen gehört, über deren Bedeutungsgehalt wir nie Einigkeit erzielen werden, so bezeichnet er etwas, was im Alltag eine große Rolle spielt und auch positiv beeinflusst werden kann. Die wissenschaftliche Auseinandersetzung mit dem Thema „Anstand" sollte nicht vergessen, dass allein jene Erkenntnisse und Einsichten praktische Wirkung entfalten, die im unmittelbaren Handeln überprüfbar sind.

Anmerkungen

1 Dieser Beitrag geht zurück auf einen Gedankenaustausch, in dem wir uns von unterschiedlichen Perspektiven (Unternehmer bzw. Wissenschaftler) dem Thema angenähert und gemeinsame Positionen ausgelotet haben.

2 T. Meynhardt: Management zwischen Main Street und Wall Street. In: S. Spoun/ T. Meynhardt (Hrsg.): Management als gesellschaftliche Aufgabe, Mannheim 2010, S. 19-45.

Ausstieg: Mehr kann ich wirklich nicht für euch tun

Ulrich Peltzer

Fünfter Todestag. Walter Zechbauer wusste aus langjähriger Erfahrung, wie das Publikum einer Lesung zu packen war, der Teil, der wegen des Autors, und der Teil, der seinetwegen in einem der Literaturhäuser zwischen Kiel und München saß. Neugierig auf jemanden, der als Deutscher in Tinseltown und Cinecittà gearbeitet hatte, noch mit Peckinpah und Fellini. Und sei es nur in Fernsehproduktionen gewesen, völlig unwichtig. Er hatte rares Filmmaterial aufgetrieben, das er zwischen den Textblöcken zeigen wollte, private Super-8-Streifen aus dem Garten, dem Haus vor den Toren New Yorks, das der Meister sich in der Werbebranche, als Redenschreiber für CEOs, mit Industriebroschüren zusammenverdient hatte. Nicht mit seinen vier Büchern, die allein hätten ihn ruiniert, vier Romane, die das Leben in der modernen Welt erschöpfend schilderten. Bis zur Erschöpfung, Business, Sex, Religion, Law. Frontalangriff im Radio und auf der Bühne, um einen jener Schriftsteller zu pushen, die er verehrte, *ladies and gentlemen, the presiding genius of postwar American fiction, the incredible William Gaddis.* Wie ihm seine erwachsene Tochter auf dem Rasen lachend die Haare schneidet, sein Sohn die Szene skeptisch beobachtet, wacklige Bilder, die einem elisabethanischen Königsdrama zu entstammen scheinen.

Wenn er ebensoalt würde, rechnete sich Zechbauer an seinem Stehpult aus, hätte er noch zwanzig Jahre, zweihundervierzig Monate, die es bis zum letzten Tag zu genießen galt. Zu genießen mit den Menschen und Dingen, die es wert waren, und das hieß für ihn, die einem in dem ganzen Müll der Gegenwart Erkenntnisse schenkten, Schönheit, Witz, Originalität. Die Schönheit des Erkennens, selbst des Schrecklichsten, in einer Geste, einem Blick, einer Zeile, einem Lied. In den Zeichnungen eines Comics so gut wie in der Strenge eines Angelopoulos, das eine gegen das andere auszuspielen nichts als Ressentiment. Zweihundert mal dreißig gleich sechstausend, mal vierundzwanzig gleich, er schloss die Augen, gleich einhundertvierundvierzigtausend Stunden, um sich mit dem zu beschäftigen, was den Glauben an die Gattung nicht restlos unterminiert. Die Hoffnung nährt, dass sie sich einen Funken des Göttlichen bewahrt hat.

Das Gezwitscher eines einzelnen Vogels drang durch die bodenlangen weißen Vorhänge, durch die angelehnte Balkontür in sein Arbeitszimmer, eine Amsel, dachte er, vielleicht die eine Amsel, die abends immer zu uns auf die Terrasse hüpft. In erstaunlichem Zutrauen, als wüsste sie, dass sie hier nichts zu befürchten hat. Er öffnete die Augen und beugte sich über ein dickes, in der Mitte aufgeschlagenes Buch, *JR*. Die Geschichte eines Zwölfjährigen, der sich am Telefon seiner High School ein Firmenimperium erspekuliert, verkrachte Lehrer, die ihm dabei behilflich sind, unzählige andere Personen in einem tausendseitigen Netz von Stimmen. Börsenmakler und Sekretärinnen, Erbtanten und Büroboten, deren Sprechweisen sie unverwechselbar charakterisieren. Gesäusel, Erpressungen, Liebesschwüre, das impertinente Nölen dieses frühreifen Lümmels. Ein Huckleberry Finn der Warenwelt, die mit prophetischem Gespür ad absurdum geführt wird – wie später das Rechtswesen in der *Letzten Instanz*. Ein Kapitel aus dem und eines aus dem vortragen, *nein, die Aktien, Anne, die Aktien, wir haben ihn gebeten, unsere Telefonaktien zu verkaufen*, grandioser Irrsinn. Nehmt es an als Geschenk, dachte Walter Zechbauer, mehr kann ich wirklich nicht für euch tun.

Die Autorin und die Autoren

Timon Beyes, geboren 1973, ist Habilitand an der Universität St.Gallen und Leiter des EU-Forschungsprojektes „Fernsehen 2.0: Erforschung nutzergenerierter Bewegtbilder und audio-visueller Partizipation" an der Leuphana Universität Lüneburg. Nach dem Studium der Betriebswirtschaftslehre war er als Unternehmensberater tätig, in der Folge Dissertation am Seminar für Soziologie der Universität St.Gallen. 2004 und 2005 Leiter Neukonzeption der Lehre, bis 2010 Dozent und Programmleiter an der Universität St.Gallen. Letzte Buchveröffentlichungen: Parcitypate: Art and Urban Space (mit S.-T. Krempl und A. Deuflhard, 2009); Finden und Erfinden: Die Entstehung des Neuen (mit J. Mittelstraß, 2009).

Wolfgang Engler, geboren 1952, ist Professor für Kultursoziologie an der Hochschule für Schauspielkunst „Ernst Busch“ Berlin und seit 2005 auch deren Rektor. Er lehrte als Gast an der Universität Klagenfurt, der TU Hannover, der Goethe-Universität Frankfurt am Main sowie in den Jahren 2009 und 2010 als Lehrbeauftragter an der Universität St. Gallen. Er ist Gründungsmitglied der Münchener Akademie „Zum dritten Jahrtausend“. Buchveröffentlichungen (Auswahl): Selbstbilder. Das Projekt der Wissenssoziologie (1992); Die zivilisatorische Lücke. Versuche über den Staatssozialismus (1992); Die Ostdeutschen. Kunde von einem verlorenen Land (1999); Bürger, ohne Arbeit. Für eine radikale Neugestaltung der Gesellschaft (2005); Lüge als Prinzip. Aufrichtigkeit im Kapitalismus (2009).

Franz M. Haniel wurde 1955 in Oberhausen geboren. Er studierte in München Maschinenbau und schloss sein Studium als Diplom-Ingenieur ab. An der INSEAD in Fontainebleau, Frankreich erwarb er danach den MBA. Nach 4 Jahren bei der Unternehmensberatung Booz Allen & Hamilton übernahm er von 1986-2006 mehrere geschäftsführende Tätigkeiten in der Chipkartenindustrie.

Seit 2003 ist Franz M. Haniel Vorsitzender des Aufsichtsrats der Familiengesellschaft Franz Haniel & Cie. GmbH sowie Mitglied des Aufsichtsrats der BMW AG, Heraeus Holding GmbH, Delton AG und secunet Security Networks AG. Von November 2007 bis Mai 2010 war Franz M. Haniel Vorsitzender des Aufsichtsrats der Metro Gruppe.

Jörg Metelmann, geboren 1970, ist als Dozent und Programmleiter an der Universität St.Gallen tätig. Von 2007 bis 2010 arbeitete er am Zentrum für Führung und Werte in der Gesellschaft (CLVS-HSG) im Forschungs- und Beratungsprojekt „Public Value Management", in dessen Rahmen er auch den „Public Value Award" für das vorbildlich gemeinwohlorientierte öffentliche Bad entwickelte (erstmals verliehen 2010). Zurzeit erforscht er die Semantik moderner Emotionen und Sentimentalität am Beispiel „Melodram".

Timo Meynhardt, geboren 1972, studierte Psychologie in Jena und Oxford. Er arbeitete von 1999 bis 2007 als Practice Experte bei McKinsey & Company, Inc. in Berlin und wurde 2003 an der Universität St. Gallen promoviert. Heute ist er Habilitand und Geschäftsführer am Zentrum für Führung und Werte in der Gesellschaft der Universität St. Gallen. Als Assistenzprofessor forscht und lehrt er zu Fragen des Public Value Managements sowie der individuellen Kompetenzentwicklung. Er ist Entwickler des Instruments „Mein Kompetenzprofil" und Geschäftsführer der MyCompetency GmbH.

Nils Ole Oermann wurde 1973 in Bielefeld geboren. Er ist Professor für Nachhaltigkeitsethik an der Leuphana Universität Lüneburg und dort Vizepräsident der Universität. Der in Oxford promovierte Historiker und habilitierte Wirtschaftsethiker war von 2004 bis 2007 der Persönliche Referent des Bundespräsidenten und berät seit 2007 Dr. Wolfgang Schäuble.

Günther Ortmann, geboren 1945, ist Organisationstheoretiker und Professor für Allgemeine Betriebswirtschaftslehre an der Helmut-Schmidt-Universität, Hamburg. Lehraufträge und Gastprofessuren an den Universitäten Wien, Innsbruck, St. Gallen und Luzern. Buchveröffentlichungen u.a.: Regel und Ausnahme. Paradoxien sozialer Ordnung (2003); Als Ob. Fiktionen und Organisationen (2004); Management in der Hypermoderne (2009); Organisation und Moral (2010); Kunst des Entscheidens. Ein Quantum Trost für Zweifler und Zauderer (2011).

Ulrich Peltzer wurde 1956 in Krefeld geboren. Er studierte Psychologie und Philosophie in Berlin, wo er seit 1975 lebt. Er veröffentlichte bisher fünf Romane, zuletzt erschienen seine Frankfurter Poetik-Vorlesungen unter dem Titel „Angefangen wird mittendrin." Sein Werk wurde mit zahlreichen Preisen ausgezeichnet, darunter der Bremer und der Berliner Literaturpreis. Peltzer ist seit 2010 Mitglied der Akademie der Künste Berlin.

Kathrin Röggla, 1971 in Salzburg geboren, lebt seit 1992 in Berlin. Sie schreibt Prosa und Essays, verfasst Theaterstücke und Hörspiele. Zahlreiche Reisen führten sie nach Georgien, in den Iran, nach Zentralasien, Japan, die USA und in den Jemen. Zudem hielt sie an diversen Universitäten poetologische Lehraufträge ab. Ihr wurden zahlreiche Literaturpreise zugesprochen, zuletzt der Franz-Hessel-Preis (2010). Im selben Jahr erschien ihr letzter Prosaband „die alarmbereiten" (S.Fischer), ihr jüngstes Stück „die unvermeidlichen" wurde im Februar im Nationaltheater Mannheim uraufgeführt.

Dieter Thomä, geboren 1959, ist Professor für Philosophie an der Universität St.Gallen. Er arbeitete nach einem Volontariat an der Henri-Nannen-Journalistenschule als Redakteur beim Sender Freies Berlin, erhielt 1996 den Preis für Essayistik beim Joseph-Roth Publizistikwettbewerb Klagenfurt und war Fellow u.a. am Getty Research Institute, Los Angeles (2002/3) und am Wissenschaftskolleg zu Berlin (2009/10). Seit 2004 ist er Mitherausgeber der Reihe „Zur Einführung" im Junius-Verlag. Buchveröffentlichungen u.a.: Väter. Eine moderne Heldengeschichte (2008), Vom Glück in der Moderne (2003), Unter Amerikanern (2000), Erzähle dich selbst (1998); als Herausgeber: Heidegger-Handbuch (2003), Glück. Ein interdisziplinäres Handbuch (2011).

Harald Welzer, Prof. Dr., arbeitet seit vielen Jahren über Gewaltprozesse und ihre gesellschaftliche Nachhaltigkeit und über methodologische und theoretische Fragen des Verhältnisses von Gesellschaftswissenschaften und Gewalt. Er ist Direktor des Center for Interdisciplinary Memory Research am KWI Essen und Mitglied verschiedener nationaler und internationaler Forschungsnetzwerke und Akademien. Die wichtigsten Buchveröffentlichungen in diesem Zusammenhang: Soldaten. Protokolle vom Kämpfen, Töten und Sterben (2011, mit Sönke Neitzel); Klimakriege. Wofür im 21. Jahrhundert getötet wird (2008); Täter. Wie aus ganz normalen Menschen Massenmörder werden (2005); als Hrsg. mit Hans-Georg Soeffner und Dana Giesecke: KlimaKulturen. Soziale Wirklichkeiten im Klimawandel (2010).